MICROSCOPIA ÓPTICA COMO MÉTODO DE MEDIDA DE RADICAIS LIVRES

Dados Internacionais de Catalogação na Publicação (CIP)
(Câmara Brasileira do Livro, SP, Brasil)

Olszewer, Efrain, 1954–
  Microscopia óptica como método de medida de radicais livres : (análise celular "in vivo"– HLB) / Efrain Oslzewer ; [colaboração e fotos de Carlos Jaldin]. – 2. ed. – São Paulo : Ícone, 2001.

  Bibliografia.
  ISBN 85-274-0644-6

  1. Células - Análise 2. Microscopia 3. Microscopia médica 4. Oxigênio - Efeito fisiológico 5. Radicais Livres (Química) - Medida 6. Terapia ortomolecular I. Jaldin, Carlos. II. Título. III. Título : Análise celular "in vivo" - HLB.

01-2455   CDD-616.07582
                                       NLM-QY 90

Índices para catálogo sistemático:

1. Análise celular "in vivo" : Microscopia óptica : Ciências médicas
   616.07582
2. Radicais livres : Medida : Microscopia óptica : Ciências médicas
   616.07582

MICROSCOPIA ÓPTICA COMO MÉTODO DE MEDIDA DE RADICAIS LIVRES

(Análise Celular "In Vivo" - HLB)

2ª edição revisada, atualizada e ampliada

Dr. Efrain Olszewer
Colaboração do Dr. Carlos Jaldin

© Copyright 2001.
Ícone Editora Ltda

Capa
Amélia Oraci Gasparini

Revisão
Marcus Macsoda Facciollo

Diagramação
Isabel Reis Guimarães

Proibida a reprodução total ou parcial desta obra
de qualquer forma ou meio eletrônico, mecânico,
inclusive através de processos xerográficos,
sem permissão expressa do editor
(Lei nº 9.610/98).

Todos os direitos reservados pela
ÍCONE EDITORA LTDA.
Rua das Palmeiras, 213 — Sta. Cecília
CEP 01226-010 — São Paulo — SP
Tel./Fax.: (11) 3666-3095

A análise celular *in vivo* (ACV), denominada teste HLB, quando incorporado ao arsenal complementar da medicina ortomolecular, ocupa um lugar importante na definição da estratégia antioxidante a ser utilizada em pacientes nos quais a definição do teste sugere índices elevados de estresse oxidativo, avaliado pela concentração das substâncias tóxicas oxigênio reativas.

Através deste trabalho tentamos cobrir as deficiências quanto a:
a) Unificação de critérios;
b) Identificação de objetivos;
c) Definição de conclusões;
d) Avaliação das estratégias estabelecidas;
com o objetivo de delimitar os pontos cardeais que sustentam o conhecimento básico, porém com sustentação científica da análise celular *in vivo*.

Nunca será suficiente insistir na importância do teste como um coadjuvante na identificação do processo oxidativo, assim como da orientação da terapêutica antioxidante, evitando usá-lo como um método de diagnóstico para fechar suposições clínicas identificadas na anamnese, exame físico e/ou em outros exames complementares.

O objetivo do autor é criar o caminho que ajude a identificar as verdadeiras propriedades propedêuticas que este procedimento pode oferecer ao profissional da área de saúde, com o intuito de beneficiar a conservação do equilíbrio orgânico.

Dr. Efrain Olszewer

Este trabalho não teria alcançado seu objetivo, sem a direta participação do colega Dr. Carlos Jaldin que, denotando o oculto dom de ressaltar as propriedades fotográficas das modificações estruturais observadas no monitor de vídeo conectado ao microscópio, não hesitou em auxiliar na difícil tarefa de transpor para o papel a gravação com meus incompreensíveis conhecimentos científicos. Palmas e sinceros agradecimentos a ele!

Dr. Efrain Olszewer

Este trabalho dedica-se a todos que se envolveram mental e emocionalmente com seu êxito, lembrando que, a ciência como um todo não se inventa: é resultado de inovações, pesquisas e curiosidade, às vezes apoiadas por referências espetaculares.

Cuidemos, portanto, de nossa criatividade.

Sumário

CAPÍTULO 1
GENERALIDADES - pág. 13

CAPÍTULO 2
CARACTERÍSTICAS DA MICROSCOPIA ÓPTICA - pág. 19

CAPÍTULO 3
MICROSCOPIA ÓPTICA PARA ANÁLISE CELULAR
"IN VIVO" - pág. 27

CAPÍTULO 4
CARACTERÍSTICA DA MATRIZ EXTRACELULAR - pág. 31

CAPÍTULO 5
ANÁLISE CELULAR "IN VIVO" – (HLB) - pág. 37

CAPÍTULO 6
INTERPRETAÇÃO DO HLB - pág. 47

CAPÍTULO 7
RESUMO DAS CARACTERÍSTICAS A OBSERVAR
NO SANGUE "IN VIVO" - pág. 67

ATLAS – ANÁLISE CELULAR "IN VIVO" – (HLB) - pág. 77

Capítulo 1

GENERALIDADES

Conceito de Radical Livre

Denomina-se radical livre toda molécula que possui um elétron não pareado na órbita externa.

A característica de equilíbrio de todas as moléculas é possuir elétrons pareados em sua órbita externa; caso este fenômeno não aconteça, estaremos na presença de um radical livre.

Os radicais livres caracterizam-se por possuírem vida média muito curta e multiplicarem-se rapidamente em forma de cascata, sendo que este processo somente se detém quando o sistema antioxidante do organismo entra em funcionamento ou quando dois radicais livres se encontram. Pelo fenômeno de óxido-redução, um deles doa e o outro ganha um elétron, pareando desta forma sua órbita externa.

Fontes de Radicais Livres

Várias são as fontes que podem precipitar a formação de radicais livres. Entre as mais importantes a citar incluem-se: os raios solares, o ozônio, a radiação, os metais pesados, os agrotóxicos, a poluição ambiental e o oxigênio.

Evidentemente, pela importância que tem no organismo humano, o oxigênio é o fator mais importante e melhor estudado como substrato formador de radicais livres. Assim, o oxigênio é parte da substância vital que mantém a vida sobre a superfície terrestre, porém, quando encontra-se destruído fora das concentrações fisiológicas, aumentará a formação de radicais livres.

Metabolismo dos Radicais Livres de O_2

O oxigênio, quando ingressa no organismo pelos pulmões através da inspiração, sofre processo de desintegração, fazendo com que 95 a 98% desse oxigênio se transforme em ATP via citocromo-oxidase. Entretanto, somente 2 a 5% do oxigênio inspirado irá se converter em radicais livres num processo completamente fisiológico e adequadamente controlado pelo organismo.

Os radicais livres somente se tornam perigosos ou lesivos aos tecidos quando se encontram em proporções maiores que a capacidade oxidante que o organismo possui para controlar esta sua produção.

Quando o oxigênio ingressa no organismo, irá se transformar em radical livre. O primeiro processo desta transformação é o ganho de um elétron, ocasionando a formação do primeiro radical livre denominado superóxido.

$$O_2 + e^- \longrightarrow O_2^-$$

O superóxido pode ser inibido por usa enzima, a superóxido-desmutase, existente nas mitocôndrias ligadas ao manganês e no citosol ligada ao zinco e ao cobre.

Quando esta enzima age sobre o superóxido, tem-se um processo de desmutação na presença de água, dando lugar à formação do peróxido de hidrogênio.

$$O_2^- + O_2^- + 2H^+ \xrightarrow[\text{Desmutação}]{\text{SOD}} H_2O_2 + O_2$$

O peróxido de hidrogênio na realidade não é um verdadeiro radical livre, porém, por ser substância altamente hidrossolúvel e altamente reativa, é o substrato formador de outros tipos de radicais livres, principalmente o radical hidroxila (OH) que, na presença de ferro (Fe), sofre processo de óxido-redução, tornando este ciclo auto-sustentável na manutenção da produção dos radicais livres via reações de Fenton e de Haber-Weiss.

Fenton

$$2H_2O_2 + Fe^2 \longrightarrow Fe^3 + OH^- + OH^-$$

Haber Weiss

$$O^- + Fe^3 \longrightarrow O_2 + Fe^2$$

$$Fe^2 + H_2O_2 \longrightarrow F^3 + OH\bullet + OH^-$$

Outros radicais livres provenientes do metabolismo do oxigênio incluem os peróxidos lipídicos, radicais livres que provêm do metabolismo das gorduras. Estes radicais livres também sofrem processo de auto-sustentação através de diferentes processos metabólicos, principalmente através do metabolismo das prostaglandinas.

1) $LH + OH^\bullet \longrightarrow H_2O + L^\bullet$ (Radical aquil-lipídico ou radical lipídico-carbônico)

2) $L^\bullet + O_2 \longrightarrow LOO^\bullet$ (Peróxido lipídico)

3) $LOO^\bullet + LH \longrightarrow LOOH$ (Hidroperóxido lipídico) $+ L$

4) $L^\bullet + O_2 \longrightarrow LOO^\bullet$ e perpetua-se o ciclo.

No caso em que dois L$^\bullet$ se encontram, o ciclo termina.

$$L^{\bullet} + L^{\bullet} + 2H^+ \longrightarrow LH - LH$$

Metabolismo do ácido araquidônico

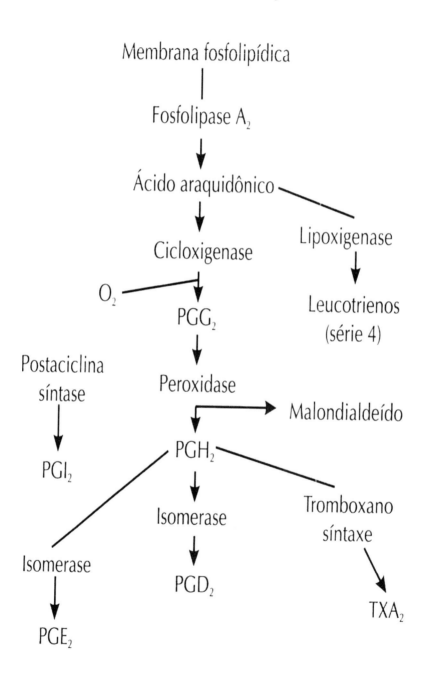

Os peróxidos lipídicos são provavelmente os radicais livres mais importantes e nocivos dentro do organismo, pois interferem em diferentes processos patológicos, entre os quais a oxidação do colesterol e a sua disposição nas artérias.

Finalmente, tem-se um outro tipo de radical livre produzido principalmente pela exposição aos raios solares UVA e UVB, denominado oxigênio *singlet* ($^1O_2$).

A característica deste radical é que na verdade não se trata de um radical livre, mas sim de molécula altamente reativa, com movimento rotatório dos elétrons no mesmo sentido em relação ao O_2 que tem elétrons com movimento rotatório no sentido contrário.

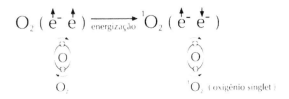

O organismo não possui um sistema antioxidante (endógeno), portanto, é necessário fazer uso de mecanismos bioquímicos bloqueadores (tampões) no interior do organismo, ou através da suplementação exógena de antioxidantes, entre os quais incluem-se o beta-caroteno e a vitamina C, agentes que primordialmente possam inibir os fenômenos oxidativos intermediados por metais pesados e outros varredores específicos de radicais livres, como o dimetil-sulfóxido (DMSO) sobre os radicais hidroxila (OH).

Medida dos Radicais Livres

Várias são as técnicas existentes que permitem avaliar de forma qualitativa e quantitativa a presença de radicais livres no organismo.

Evidentemente não é objetivo deste manual analisar cada uma destas técnicas, mas, a título de informação, há que se mencionar a existência de metodologias como a espectrofotometria de absorção atômica (provavelmente uma das mais específicas), que, por razões de complexidade, ainda não está à disposição dos médicos.

Atualmente, tem-se à disposição métodos laboratoriais como a quimioluminescência, que permite medir principalmente os níveis de oxigênio *singlet*, e também outro exame laboratorial denominado MDA (Malonil-di-Aldeído), que indica os níveis da peroxidação lipídica.

Com o passar do tempo vão se aprimorando os potenciais de medida, podendo ser possível, na atualidade, identificar individualmente cada um dos radicais livres, seus antioxidantes endógenos e, eventualmente, pode-se medir alguns antioxidantes exógenos, sob a forma de vitaminas, nos teores que se encontram no plasma.

Um dos métodos mais tradicionais e que mais tem se expandido nos últimos anos, principalmente pela sua facilidade de realização (em nível do próprio consultório), é o teste denominado "Microscopia Óptica para a Análise Celular *In Vivo*" – (ACV), inicialmente conhecido como teste HLB (em reconhecimento aos pesquisadores Heitan-LaGarde-Bradford, que o desenvolveram). Trata-se de procedimento simples, rápido e, além disso, permite ao médico acompanhar toda a evolução da estratégia antioxidante preestabelecida para o paciente.

Capítulo 2

CARACTERÍSTICAS DA MICROSCOPIA ÓPTICA

A microscopia óptica é o método de diagnóstico utilizado para várias finalidades, porém tem sido incorporado como uma alternativa de medida indireta da produção de radicais livres. Para melhor entender sua utilização, a seguir é apresentado um resumo de princípios básicos da Óptica.

Lei da Reflexão

À reta normal, traçada perpendicularmente a uma superfície refletora, o ângulo (i) produzido pelo raio de luz incidente (I) com a normal é igual ao ângulo (r) produzido pelo raio refletido (R) em relação à linha normal.

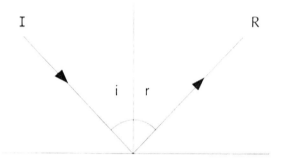

Lei da Refração

Sejam dois meios transparentes distintos A e B (por exemplo, ar e vidro), sendo o índice de refringência de A menor que o de B. O ângulo (i) formado entre o raio incidente (I) e a reta normal é maior que o ângulo (r) entre a superfície e o raio refratado (R). A velocidade do raio refratado (vr) é menor que a do raio incidente (vi).

Expresso de forma diferente, a velocidade da luz é menor em um material de alta habilidade refratária (menor índice de refringência). Quando a luz retorna ao meio A (menos refringente), a velocidade retoma o valor inicial.

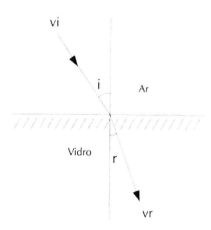

Reflexão Interna Total

Reanalisando a lei da refração, vê-se que um raio de luz ao passar do meio B (por exemplo, vidro) para o meio A (por exemplo, ar), desvia-se da reta normal. Se o ângulo (i) entre o raio incidente (I) e a reta normal for aumentado (como na figura 1), o raio refratado (R) eventualmente irá transitar na interface A-B (ar-vidro). Entretanto, se o ângulo incidente (i) for ainda maior, o raio será totalmente refletido pela interface, de acordo com a Lei da Reflexão (figura 2). Os ângulos obtidos com a interface, tanto pelo raio refletido (r) como pelo raio incidente (i), são iguais.

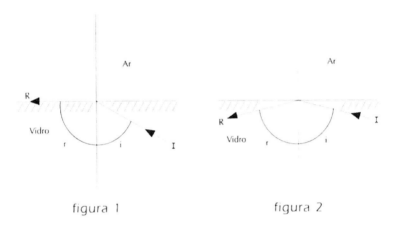

figura 1   figura 2

Lentes

Nos estudos realizados através da microscopia, o aumento da imagem de objetos a serem analisados é obtido graças à propriedade de aumento das lentes. A lente de aumento biconvexa tem a forma representada a seguir.

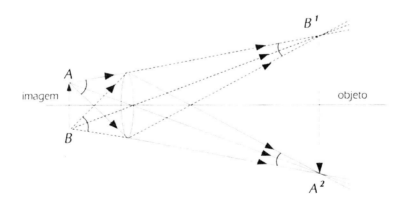

Se um feixe de luz (raios paralelos) passar através da lente biconvexa, os raios irão convergir num ponto denominado foco (f). A distância entre a lente e o foco é denominada distância focal (df), e pode servir como medida da capacidade de aumento das lentes biconvexas.

A diminuição da distância focal aumenta a capacidade da lente em ampliar imagens.

Difração

Existem muitas evidências científicas que sugerem o conceito de que a luz é constituída por partículas (fótons) que também possuem características ondulatórias. Quando um feixe de luz incide entre dois espaços razoavelmente fechados através de uma barreira, para se projetar sobre uma tela, surge um padrão não usual de bandas de luz claras e escuras.

Iluminação Microscópica

É determinada principalmente pelo tipo de iluminação que irá ser utilizada, dentre os quais podem ser citados:

- *Campos claros ou brilhantes.*

A maior parte da luz chega aos olhos do observador diretamente através do espécime, utilizando a fonte de luz como resultado, e revela somente aqueles detalhes provenientes da absorção da luz. Sabe-se que a maioria das estruturas biológicas não coram por não absorverem os corantes. Com isso, revelam muito pouco nesse tipo de iluminação.

- *Campo escuro.*

Neste tipo de iluminação a luz é emitida através de um condensador óptico, que proporciona luz de intensidade uniforme sobre todo o campo que irá ser observado.

O campo escuro que utiliza o condensador não permite a passagem da luz diretamente sobre a lâmina e sobre o olho do observador, mas ilumina a lâmina de forma essencialmente perpendicular ao foco do microscópio. Como resultado, a única luz que chega ao olho do observador é normalmente a luz bifracionada da lâmina (que contém o espécime, objeto de estudo); este método de iluminação permite que o espécime apareça de forma brilhante sobre um campo escuro.

- *Contraste de fases.*

O aspecto da onda de luz pode ser representado por uma onda senoidal. A distância entre os picos é denominada comprimento de onda.

A velocidade da luz passando através de uma substância transparente (água, vidro, óleo) é menor do que a velocidade da luz ao atravessar o vácuo. O lapso de tempo de retardo da luz é medido pela densidade óptica da substância (índice de refringência).

Tomando-se duas ondas de fases coincidentes, o comprimento resultante da soma dessas ondas será a soma do comprimento das ondas. Duas ondas de fase opostas, de mesmo comprimento, se anulam.

Limitações da Microscopia Óptica

A limitação da resolução da microscopia óptica foi demonstrada por uma fórmula matemática: o poder de resolução varia (aumenta ou diminui) com o comprimento de onda da luz utilizada como fonte de iluminação, e aumenta o valor de abertura da lente.

O fator numérico da abertura é a medida da quantidade de luz recebida pela lente que age sobre a objetiva, ou seja, a lente mais próxima da lâmina (espécime). O valor prático máximo para este fator numérico é 1, 4. Isto significa que a única forma prática de aumentar a resolução de uma imagem na microscopia óptica, está na possibilidade de se utilizar fonte de luz de menor comprimento de onda possível. O menor comprimento de onda é o da luz violeta, em torno de 400 nm; para diminuir o comprimento de onda abaixo deste valor seria necessária a luz ultravioleta, invisível ao olho humano.

Os microscópios que se utilizam de iluminação ultravioleta têm sido construídos utilizando filmes ou contrastes fluorescentes como indicadores e, nestes microscópios, o valor numérico da abertura da lente está sendo diminuído a cada dia, resultando em ganho na resolução da imagem (embora aquém das expectativas).

Microscopia Utilizando Vídeo

O desenvolvimento de câmeras de vídeo portáteis, leves e compactas tornou possível a aplicação da videomicroscopia, na qual uma câmera de vídeo é adaptada à ocular do microscópio.

A imagem, normalmente vista pelo olho do observador, é ampliada pelo circuito eletrônico da microcâmera que transmite a imagem através de um monitor de vídeo ou de um televisor a cores. O uso do sistema de vídeo permite a modulação eletrônica e a manipulação da imagem resultante para se adequar às demandas e às necessidades do pesquisador. Por ajuste eletrônico dos vários parâmetros, muitos aspectos da imagem podem ser modificados, permitindo intensificar ou atenuar cores específicas ou intensidade da luz, propriedade denominada amplificação de vídeo.

A relativamente nova tecnologia das fibras ópticas tem também sido aplicada à videomicroscopia. As fibras ópticas, também chamadas de "tubos de luz", são um meio de transmissão de luz. Vários tubos finos agrupados constituem um cabo flexível de fibra óptica, que no seu uso, pode ser amoldado a qualquer configuração.

Um dos problemas da microscopia óptica é a insuficiente iluminação, já que o próprio processo da amplificação diminui a intensidade da luz. O uso de um cabo de fibra óptica permite maior intensidade de luz aplicada ao espécime a ser observado, resultando em maior número de detalhes se comparado com os meios convencionais.

Modificações adicionais ao sistema de iluminação da videomicroscopia podem ser realizadas com o uso de luz polarizada. Um raio de luz não polarizado emite raios de luz em todos os sentidos: para cima e para baixo, vibrações para direita e para esquerda e em toda a extensão entre esse extremos. Quando a luz é emitida através de um polarizador, esta emerge com vibrações em um único plano. Devido a esta propriedade unidirecional da luz polarizada, esta será totalmente absorvida quando incidir sobre um polarizador em ângulo reto (em relação ao primeiro raio emitido), mas totalmente transmitida quando incidir paralelamente à superfície original.

Desta maneira, a intensidade do raio de luz pode variar desde o valor máximo de emissão até quase a total extinção. Simplesmente girando-se o segundo polarizador (analisador) a intensidade da luz pode ser facilmente controlada.

Devido às necessidades da construção e adaptação de uma vídeo-câmera, a resolução da microscopia óptica está limitada pelo número de *scanners* (varreduras) por unidade de área (centímetro quadrado), dependendo de seu projeto e construção. É necessário dividir a imagem captada pela câmara em pequenas e discretas partes, isoladas umas das outras, que determinarão a resolução final da imagem.

    A tela do monitor ou do televisor utilizado para observar a imagem transmitida pela micro-câmera também é dividida em pequenas e discretas unidades; a imagem unitária ou tricolor consiste da junção de três unidades: vermelho, verde e azul. Cada uma delas está protegida por uma máscara de sombra, evitando que os elétrons emitidos pelo cátodo invadam as unidades vizinhas. Estas características da videomicroscopia estabelecem restrições à resolução do sistema, restringindo o tamanho dos microrganismos a serem observados através desse método.

Capítulo 3

MICROSCOPIA ÓPTICA PARA ANÁLISE CELULAR "IN VIVO"

É importante, antes de iniciar a análise dos fenômenos físico-químicos que explicam aspectos observados através da videomicroscopia, considerar certos aspectos práticos inerentes à sua utilização em nível de consultório, por análises realizadas em laboratórios e, por extensão, como prestação de serviços realizados para outros colegas.

Também é importante ressaltar algumas particularidades para evitar manipulação e conclusões inadequadas, que levariam a situações não representativas da realidade para a qual este sistema de microscopia óptica foi concebido. Entre os aspectos mais relevantes, devem ser mencionados:

1. Métodos de análise celular *in vivo*, realizados pelos estudos da videomicroscopia, não são métodos diagnósticos. São simplesmente métodos que avaliam o potencial do *stress* oxidativo que ocorre no paciente e, provavelmente, o reflexo desse *stress* que vem ocorrendo nos dias anteriores em decorrência do fenômeno de óxido-redução orgânica, assim como a capacidade antioxidante do organismo.

2. Considerando que a análise celular *in vivo* por videomicroscopia não é um método diagnóstico, este não deve ser utilizado como diagnóstico definitivo e conclusivo. Exemplo: o paciente que se apresenta ao exame com quadro clínico compatível a qualquer processo degenerativo crônico simplesmente terá a análise e a conclusão a respeito dos transtornos morfológicos observados durante a realização do teste da análise celular *in vivo*. Somente devem ser descritas aquelas características observadas na microscopia e que posteriormente poderão ser relacionadas pelo médico juntamente com seu diagnóstico clínico, anmenese e exame físico, ou comparadas a outros métodos diagnósticos consagrados, sejam laboratoriais ou por imagens (ultrassonografia, NMR, TC).

3. As principais razões pelas quais a metodologia da videomicroscopia celular *in vivo* cresce a cada dia no meio médico devem-se aos seguintes fatores:

a) Permite identificar a presença de radicais livres avaliados sob o ponto de vista do *stress* oxidativo, permitindo correlacionar fenômenos de óxido-redução orgânica com a capacidade antioxidante endógena ou administração endógena de antioxidantes (considerando que aproximadamente 85% das alterações morfológicas observadas através da microscopia são compatíveis com a presença de radicais livres).

b) A medição observada através da microscopia simplesmente dá inícios e bases para se formular a estratégia antioxidante a ser utilizada paralelamente ao tratamento habitual do paciente portador de alguma doença degenerativa crônica. Pode ser utilizada como método de controle ou profilaxia de processos decorrentes do envelhecimento orgânico e, ao mesmo tempo, tem a função de avaliar o sucesso ou insucesso da terapia antioxidante aplicada (independentemente da resposta clínica do paciente), relacionando e comparando dados de análises microscópicas iniciais com aquelas realizadas após o tratamento.

c) Pode ser utilizado como forma de confirmação em testes falso-negativos ou falso-positivos, como método de complementação diagnóstica principalmente em alguns métodos não invasivos e como complementação diagnóstica em pacientes submetidos a teste de esforço físico (ergonometria).

Capítulo 4

CARACTERÍSTICAS DA MATRIZ EXTRACELULAR

A matriz extracelular é formada basicamente por quatro componentes importantes: elastina, colágeno, ácido hialurônico e mucopolissacarídeos (onde se incluem sulfato de condroitina, de dermatan e de heparan). Cada um destes elementos possui uma enzima própria e com capacidade de inibir a sua formação: o ácido hialurônico, a enzima hialuronidase; o colágeno, a colagenase; e a elastase se encarregará de degradar a elastina. Entre os mucopolissacarídeos, o sulfato de condroitina é inibido pela condroitinase. Evidentemente, o predomínio entre a enzima degradativa e o substrato em questão irá determinar as diferentes alterações, assim como as diferentes características inerentes aos aspectos do objeto de pesquisa através da microscopia óptica.

Algumas considerações importantes a respeito dos componentes da membrana celular são a seguir analisados individualmente:

Agregados de proteoglicanos

Constituem uma das estruturas básicas mais importantes do tecido cartilaginoso. São formados por uma molécula complexa denominada proteoglicano, conhecida por possuir uma cadeia protéica exclusiva chamada proteína principal, na qual estão ligados vários glicanos, que são cadeias de açúcares. Um proteoglicano típico consiste em uma cadeia de aproximadamente 2.000-2.500 aminoácidos, entre os quais pode-se incluir a serina e a treotonina. Estes dois aminoácidos contêm em suas moléculas um grupo hidroxila (OH$^-$) onde, normalmente, se encontra ligado o primeiro açúcar da cadeia. Na biossíntese dos proteoglicanos, açúcares específicos estão ligados numa seqüência determinada. Após a ligação dos quatro primeiros açúcares, os demais açúcares da cadeia são a repetição desta seqüência, formados principalmente por dissacarídeos que seguem repetindo a unidade inicial.

Um dos dois açúcares do dissacarídeo carrega um grupo molecular do ácido carboxílico, e, como complemento final, une-se a um grupo sulfato ligado enzimaticamente à estrutura molecular do dissacarídeo.

Existem ainda outras duas variações desta estrutura básica que são denominadas sulfato de condroitina e sulfato de queratina. Estas e outras cadeias de açúcares encontradas no tecido conectivo são conhecidas como glicoaminoglicanos. O ácido hialurônico é também formado por uma cadeia específica de açúcares que carregam um grupo carboxílico e não são encontrados nas cartilagens, na sua porção final. O proteoglicano, em sua proteína principal, não contém glicoaminoglicanos, mas carrega açúcares de cadeia curta, principalmente do tipo oligossacarídeo. Como já citado anteriormente, a degradação ou a inibição enzimática do ácido hialurônico é provocada pela hialuronidase, e a do sulfato de condroitina é provocada pela condrotinase, elementos mais importantes relacionados com a estrutura da matriz fundamental.

- *Colágeno.*

A estrutura e a biossíntese do colágeno são extremamente complexas, visto que sua estrutura morfológica se assemelha a uma forma cônica rígida e fina, constituída por três fibras individuais ligadas a uma hélice tríplice. Após a síntese das fibras básicas, muitas modificações enzimáticas ocorrem na estrutura helicoidal resultante: o aminoácido prolina é incorporado em grande quantidade no interior das fibras protéicas do colágeno. Muitos destes resíduos de prolina são posteriormente modificados pela enzima prolil-hidroxilase para convertê-la em hidroxiprolina. Este é um passo fundamental no processo da síntese do colágeno e a atividade desta enzima específica tem sido utilizada como indicador da síntese do colágeno. Aumento ou diminuição na atividade da prolil-hidroxilase é interpretada como variação da síntese do colágeno. Igualmente incorporado ao colágeno está outro aminoácido importante denominado lisina. Este aminoácido possui em sua estrutura quatro carbonos terminados em um grupo amina, capazes de formar ligação eletrostática em ácidos. Esta capacidade do colágeno é significativa em relação à última estrutura da matriz extracelular e tem relação direta com o propósito final da utilização da cartilagem.

A molécula de colágeno tem a capacidade de ligar-se e incorporar íons de cálcio no interior de sua estrutura. O colágeno está presente principalmente nos dentes e nos ossos, formando o suporte estrutural onde o cálcio se deposita e encontra o colágeno em grande concentração.

- *Elastina.*

A elastina é encontrada, também, no tecido conectivo e distribuída pela pele. Estas fibras protéicas são iguais às do colágeno, mas diferem na sua estrutura por terem característica elástica.

No quadro encontram-se relacionados todos os componentes que integram a matriz extracelular, assim como as enzimas específicas que os degradam, além da configuração definitiva do aspecto característico da matriz extracelular.

Componente	Enzima
Colágeno	Colagenase
Elastina	Elastinase
Ácido hialurônico	Hialuronidase
Sulfato de condroitina	Condroitinase

- *Fibronectina.*

Colágeno, heparina, ácido hialurônico e fibrina estão ligados à fibronectina, formando ligações covalentes com colágeno e com vários proteoglicanos. Agem como um cimento celular.

As alterações oxidativas alteram a fibronectina liberando a matriz extracelular, e permitem as modificações observadas no exame de microscopia.

- *Fibrinogênio.*

Forma os monômeros de fibrina que estabilizam o coágulo. As alterações na depolimerização do fibrinogênio alteram as unidades dos monômeros de fibrina formando um coágulo *soft* (brando) que favorece as alterações da matriz.

- *Fator XIII.*

Fator Laki-Leland é o fator estabilizador de fibrina. Liga duas moléculas de fibrina através de ligações peptídicas de glutimina e lisina. Normalmente pode ser inativado pelos radicais livres, principalmente pelo peróxido de hidrogênio.

Características e Inter-relações dos Componentes da Matriz Extracelular com a Formação de Radicais Livres

Algumas características interessantes relativas a cada um dos compostos da matriz extracelular serão destacadas a seguir:

- *Colágeno.*

Quando o colágeno se coloca em contato com oxigênio *singlet* não consegue formar fibrilas, indicando a existência de excesso de colágeno solúvel não incorporado na sua forma insolúvel (normalmente encontrada na matriz extracelular). O colágeno tratado se comporta da mesma maneira que o colágeno exposto à pepsina, enzima que digere as proteínas, indicando, desta maneira, que o oxigênio *singlet* oxida os aminoácidos suscetíveis e promove a clivagem das regiões não helicoidais do colágeno. Alguns trabalhos recentes têm demonstrado que intermediários na produção de outros tipos de radicais livres, como o peróxido de hidrogênio, têm capacidade de lisar, assim como degradar o colágeno, fenômeno este que, também, ocorre como efeito degradativo do ácido percloracético e do peróxido de sódio.

- *Câncer.*

Observa-se redução da atividade da hialuronidase, com valores baixos de ácido hialurônico.

Câncer hepático com metásteses mostra aumento da prolil-hidroxilase (com aumento na síntese de colágeno).

Diferentes alterações de colágeno e nos fragmentos de proteína não-colagênica foram encontradas no soro de ratos inoculados com células tumorais basais.

- *Artrite.*

Em estudos nos quais a artrite foi induzida experimentalmente em ratos, determinado aumento da atividade da colagenase na pele, ossos, fígado, rins e baço, observou-se que a atividade da hialuronidase diminuiu significativamente no fígado, rins e baço.

Estudos em pacientes com artrite reumatóide indicaram aumento de prolil-hidroxilase em 70% dos casos de doença aguda.

- *Aterosclerose.*

Em coelhos com aterosclerose experimental (induzida) observaram-se níveis séricos de hialuronidase aumentados se comparados com o grupo controle e, conseqüentemente, aumento na permeabilidade dos vasos, indicando acréscimo dos níveis séricos do ácido hialurônico.

Em macacos com aterosclerose induzida, o ácido hialurônico diminuiu com o aumento do sulfato de condroitina e, com o agravamento da doença, aumentavam os níveis de sulfato de heparan.

- *Alergia.*

Existe acúmulo pulmonar de ácido hialurônico em coelhos como resposta à alergia, com aumento dos níveis de hialuronidase e com a diminuição do fibrogênio.

- *Hepatopatias.*

Mostram aumento da atividade da enzima prolil-hidroxilase.

- *Dermatites.*

O aumento dos níveis de prolil-hidroxilase foi determinado nos casos de psoríase, líquen plano, quelóides e eritema nodoso.

Capítulo 5

ANÁLISE CELULAR "IN VIVO" (HBL)

Histórico

Os primeiros estudos mostrando as alterações morfológicas que ocorriam em gotas coaguladas de sangue avaliadas através da microscopia foram descritas por Boolen e colaboradores, e foram realizados no *Massachussetts General Hospital*, nos Estados Unidos.

Acreditava-se, na época, que estas observações induziam a pensar na possibilidade da presença de mutações celulares compatíveis com processos neoplásicos (cancerígenos).

Porém, posteriormente, em 1950, B. H. White e colaboradores descobriram que outros tipos de patologias, principalmente as doenças degenerativas crônicas, provocavam alterações morfológicas similares na matriz do coágulo sangüíneo.

Com a evolução científica, o aperfeiçoamento de metodologias e, principalmente, com os avanços obtidos na resolução microscópica, as pesquisas foram se aprofundando cada vez mais, permitindo esclarecimentos anátomo-patológicos importantes, que permitiram compreender o mecanismo de ação dos processos que estavam sendo observados através dos monitores de televisão.

Mas somente em 1979, no laboratório da *American Biologics Institute*, na Califórnia, Estados Unidos, foi realizada a maioria dos testes e estudos buscando relacionar a presença dos radicais livres (ROTS, segundo Bradford) com diferentes doenças degenerativas crônicas e, principalmente, com métodos para quantificar os radicais livres apresentados nos quadros de *stress* oxidativo e no processo evolutivo, fisiológico ou patológico do paciente. Em 1979, através destas pesquisas, três pesquisadores, Heitan, LaGarde e Bradford, uniram-se e criaram o que se denomina teste HLB.

Porém, nos últimos 10 anos, tem-se tentando atribuir um nome mais apropriado que designe o verdadeiro objetivo do sistema de medida de radicais livres, chegando-se, finalmente, à denominação "Análise Celular *In Vivo*".

O primeiro aparelho para avaliar os radicais livres por microscopia-óptica foi instalado no Brasil por volta de 1985.

Apesar das eventuais discrepâncias existentes em termos de identificação dos radicais livres, um dos objetivos da edição deste manual é o de unificar critérios de análise e observação, já que este método tem se mostrado interessante.

O uso da microscopia óptica na identificação de radicais livres tem sido utilizada como recurso suplementar na definição de estratégias antioxidantes, ou como suplementação diagnóstica em certos tipos de processos não invasivos, objeto de publicação de diversas matérias relacionadas principalmente às doenças degenerativas crônicas.

Metodologia

Trata-se de um procedimento extremamente simples. Há que se conhecer a metodologia de coleta do material e sua preparação, e de identificação posterior dos diferentes elementos que se apresentam ao olho humano.

Na realidade, a etapa mais importante provavelmente seja a da coleta do material em si. Estando o pesquisador em frente ao equipamento de videomicroscopia, e ao lado do paciente, deverá, necessariamente, estar de posse do material de exame que consiste em: 2 lâminas virgens, 1 lamínula, algodão com álcool, algodão seco e agulha de insulina.

O procedimento está ilustrado em detalhes através de fotografias na segunda parte deste livro (páginas 83-87).

- *Obtenção do material.*

Após realizar rigorosa higiene no dedo mínimo (mão direita ou esquerda), utilizando o algodão embebido em álcool, deve o pesquisador secá-lo com chumaço de algodão seco. Feito isto, o pesquisador aplicará leve pressão com seu polegar e indicador sobre a falange distal do dedo mínimo do paciente e deverá furar, com a agulha, a polpa digital logo abaixo da região ungueal. Com a pressão realizada procura-se obter gotas de sangue de formato o mais arredondado possível.

A seguir realiza-se o processo de coleta. O pesquisador seleciona uma lâmina (porta-objetos) onde serão dispostas cinco gotas de sangue, com apenas leves toques que permitam a formação de superfície completamente homogênea.

Os cinco toques devem ser feitos com uma mesma gota de forma consecutiva no porta-objetos, isto fará com que a partir do primeiro toque as demais gotas fiquem mais delgadas, possibilitando melhor visualização do material. Então, este porta-objetos é deixado descoberto para que ocorra o processo de coagulação (3 a 9 minutos).

O sangue coagulado, posteriormente, será estudado como indicador indireto da avaliação da presença de radicais livres ou como um indicador do *stress* oxidativo.

Entretanto, quando se deseja avaliar, simultaneamente, as características morfológicas dos elementos constituintes do sangue periférico, procede-se a nova pressão sobre a polpa digital do paciente para se extrair mais uma gota de sangue.

Essa gota será aplicada sobre o centro do segundo porta-objetos (lâmina) e coberto por uma lamínula.

Posteriormente, aplicam-se pequenos toques sobre a lamínula, para promover a dispersão do material a ser utilizado no exame *in vivo*. Imediatamente, coloca-se o porta-objetos no microscópio e procede-se à análise das características morfológicas dos elementos constituintes do sangue periférico.

Na prática, observa-se que este é um procedimento muito simples. Há que se ter o devido cuidado, principalmente no momento da coleta.

Não fazer pressão intensa sobre o porta-objetos, pois, eventualmente, poderá resultar em gotas muito espessas, que irão dificultar a análise adequada das alterações provocadas pelas substâncias tóxicas oxigeno-reativas formadas na avaliação microscópica (basicamente em 85%) pela presença de radicais livres.

Revisão Fisiopatológica

A maioria dos estudos realizados no *American Biologics Institute*, referidos anteriormente, foram dirigidos pelo Dr. Robert Bradford, um dos pioneiros na identificação e na mensuração das substâncias tóxicas oxigeno-reativas e na correlação dos fenômenos associados à produção dos radicais livres.

Uma das principais características detalhadas pelo Dr. Bradford indica que o fenômeno da produção dos radicais livres seria conseqüência de um processo de degradação da matriz extracelular enzimática, da qual se formariam radicais livres.

Este fenômeno ocorreria na presença de alterações metabólicas específicas, correlacionadas aos diferentes processos patológicos degenerativos crônicos, já que ocorrem como conseqüência de diferentes alterações na matriz extracelular.

O resultado final seria a produção das substâncias tóxicas oxigeno-reativas, cuja participação iria provocar a ativação de enzimas específicas que agem sobre diferentes tipos de substratos desta matriz extracelular, provocando uma matriz pseudo-extracelular no porta-objetos.

Estas modificações na matriz pseudo-extracelular determinam as diferentes características e padrões que serão observados no teste de análise celular *in vivo*.

O próprio Dr. Bradford, em conjunto com outro pesquisador, Dr. Allen, determinou que existiria um "efeito Bradford-Allen", provocado pela inter-relação entre distúrbios metabólicos específicos, degradações bioquímicas e as espécies tóxicas oxigeno-reativas que resultam em mudanças morfológicas no processo de coagulação sangüínea.

Degradação da matriz extracelular
por ação dos radicais livres

Com a produção excessiva de radicais livres, por conseqüência da incapacidade das enzimas antioxidantes endógenas de destruí-los, vai determinar-se o surgimento dos diferentes padrões preestabelecidos de distúrbios, configurando os aspectos morfológicos característicos que irão ser observados através do monitor de vídeo conectado ao microscópio.

Efeito Bradford-Allen

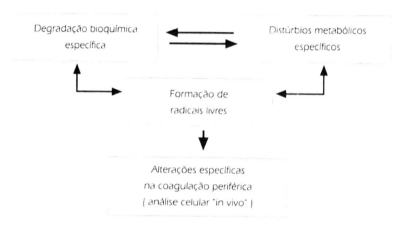

No interior da matriz extracelular existe uma substância com características exclusivas denominada fibronectina (anteriormente denominada globulina fria), insolúvel, com a habilidade não somente de se ligar a si mesma como também a outros componentes da substância fundamental da matriz extracelular. Ao mesmo tempo, tem a capacidade de se ligar a receptores de superfície da membrana celular (eritrócitos).

No soro (plasma) sangüíneo há presença de fibronectina em forma solúvel, capaz não apenas de se ligar a componentes intactos da matriz celular como também de se ligar a fragmentos desses componentes.

No teste de análise celular *in vivo*, realizado através da observação de uma pseudo-matriz extracelular, incluem-se a fibronectina e fragmentos solubilizados da matriz extracelular, resultantes da degradação enzimática. Estas substâncias, ausentes no sangue de um indivíduo sadio, alteram as características morfológicas dos padrões de coagulação e proporcionam um indicador específico de distúrbios metabólicos identificados em pacientes patológicos.

Pelo fato das quantidades e proporções dos fragmentos da matriz solubilizada serem diferentes em função do quadro patológico em questão, considera-se que os padrões obtidos através da vídeo-microscopia, no monitor de televisores, representariam impressões digitais correspondendo cada qual a um processo metabólico específico.

Como exemplo, podemos citar o fator XIII da coagulação, catalisador das reações cruzadas das fibras de fibrinas. Parecem existir evidências da inativação do fator XIII pelos radicais livres.

O aumento dos radicais livres encontrados em processos degenerativos crônicos parece ser responsável pelo processo de inativação das reações cruzadas da fibrina.

Como Avaliar o Percentual de Radicais Livres

1. É importante analisar cada gota de sangue coagulado em toda a sua extensão;

2. A proporção de radicais livres (parte branca) deve ser correlacionada à proporção de glóbulos vermelhos coagulados (parte vermelha) e fibrina (riscos pretos);

3. Utilizar a seguinte metodologia quantitativa:

Taxa	Grau	Espaço ocupado pelos radicais livres
0 – 10%	I	Menor que 20%
10 – 20%	II	20%
20 – 30%	III	40%
30 – 40%	IV	60%
> 40%	V	80%

Modificações Morfológicas

As modificações morfológicas podem ser qualificadas da seguinte maneira:

Grau	Classificação
I	Normal
II	Processo oxidativo leve
III	Processo oxidadito moderado
IV	Processo oxidativo grave
V	Processo oxidativo muito grave

É importante ressaltar que o teste da análise celular *in vivo* permite:

a) Ter noção indireta do nível de *stress* oxidativo no paciente em estudo;

b) Definir estratégia antioxidante como base suplementar ou complemento de tratamento para o controle de processos degenerativos crônicos;

c) Avaliar a evolução da terapêutica oxidativa com estratégia antioxidante estabelecida;

d) Eliminar ou diminuir e, quando possível, aprimorar a avaliação de exames laboratoriais e testes de diagnóstico, minimizando falsos negativos e falsos positivos.

Outras Características a Observar

1. Se toda a superfície do coágulo formado tiver distribuição eritrocitária irregular (onde os glóbulos vermelhos se dispõem em sentido centrífugo), considerar um déficit subclínico de vitamina C por alterações na absorção, carências nutricionais ou doenças que aumentam o consumo endógeno.

2. Crescimento difuso de fibrina, simétrica e abundante entre as partes brancas (ROTS), denominado pontes intercelulares, que se associam a disfunções metabólicas digestivas e/ou endócrinas.

3. A presença de imagens em forma de pequenas moedas, distribuídas irregularmente entre os radicais livres, não sugere patologia, porém em doenças degenerativas crônicas severas o percentual de radicais livres poderá se apresentar em maior quantidade que o normal.

4. É importante identificar se cor e características são uniformes, ou se existem diferenças entre tonalidades, aspecto comum em processos degenerativos crônicos.

Como recomendação final, pode se dizer que este método de análise não deve ser considerado ainda como um método de diagnóstico definitivo.

Portanto, sugere-se nunca definir (ou estabelecer) o diagnóstico clínico através da análise celular *in vivo*, pois a clínica é soberana. Este teste apenas indica o nível do "*stress* oxidativo" e suas particularidades.

Cuidados Especiais

Em indivíduos sadios, o teste de análise celular *in vivo* pode sofrer interferências de:

1 – Menstruação
2 – *Mittelschmetz* ou ovulação (meio de ciclo menstrual)
3 – Esforço físico
4 – Refeições
5 – Suplementação de vitaminas ou de antioxidantes
6 – Abuso de álcool
7 – Fumo
8 – Medicamentos
9 – Idade do paciente

Portanto, esses fatores devem ser levados em consideração ao se fazer a análise celular *in vivo* para não descaracterizar os resultados finais.

Observações e passos importantes

Gota Coagulada

Periferia eritrocitária irregular	Deficiência de vitamina C
Fraca conexão da fribrina	Provável desequilíbrio hormonal
Pontes intercelulares	Alterações metabólicas e/ou endócrinas
Variação na cor dos coágulos	Anemia, doença degenerativa
Estresse físico	Massas pequenas centrais abundantes
Estresse psíquico	Massas ligeiramente maiores distribuídas
Eritrócitos degenerados no centro dos radicais livre	Compatível com inflamação
Eritrócitos degenerados agrupados	Compatível com processo de cicatrização

Gota Fresca

Rouleaux	Baixos níveis de HCl, vitamina B, ácido fólico, alimentação rica em lipídeos, proteínas, ou baixa assimilação de proteínas
Eritrócitos crenados	Sugestivo de infecção ou alto nível de estresse
Espículas: destruição plaquetária	Hepatopatias, má absorção, hiperoxidação
Agregação plaquetária	Hiperoxidação, excesso de gorduras, hiperglicemia
Agregação eritrocitária	Peroxidação de membrana.

Capítulo 6

INTERPRETAÇÃO DO HLB

Desde que o teste de HLB foi introduzido como método complementar na prática ortomolecular, tentando mesurar de forma indireta a produção de radicais livres pelo organismo, muitos conceitos têm sido acrescentado, resultando, no dia-a-dia, como elementos de grande valor para a interpretação do mesmo.

O teste de HLB constitui, sem dúvida, um dos exames complementares mais importantes que rotineiramente é realizado em Medicina Ortomolecular, pela sua importância na interpretação do *stress* oxidativo.

Stress *Oxidativo*

Definimos o *Stress* Oxidativo como o produto resultante da ação deletéria dos radicais livres sobre as células ou tecidos.

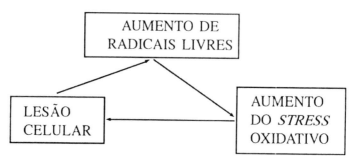

Na figura podemos observar como os três componentes dependem um do outro, é um triângulo fechado que se perpetua favorecendo o desenvolvimento de doenças degenerativas e crônicas.

Características do HLB

- Método complementar mais importante na Prática Ortomolecular.
- Avalia o *stress* oxidativo.
- Não é um método de diagnóstico.
- Não define o tratamento.
- Ajuda a estabelecer protocolo antioxidante.
- Pode melhorar a sensibilidade e especificidade de outros testes.

Classificação do HLB

Para uma melhor interpretação, classificamos o HLB em duas partes:

A) A primeira parte para análise celular *in vivo*.
B) A segunda parte para análise celular *in vitro*.

No teste são realizadas duas coletas e duas avaliações.

1. Na primeira coleta para a análise celular *in vitro*, no porta-objeto (lâmina) deve-se colher no mínimo 5 gotas, podendo ser mais, só que devemos sempre escolher as quatro melhores gotas que tenham as seguintes características:

- As gotas devem ser o mais delgadas possível;
- Devem ser redondas;
- Devem ser homogêneas;
- Não se deve utilizar nenhum tipo de tinção;
- Deve-se deixar coagular ao ar livre por mais de três minutos;
- Recomendamos fazer a leitura na objetiva de campo claro.

2. Na Segunda coleta para o análise celular *in vivo*, também no porta-objeto, colher uma gota grossa, cobrir com a lamínula (cobre-objeto) e imediatamente fazer a leitura,
Recomendamos fazer a leitura na objetiva de campo escuro.

Análise Celular In Vivo

Devemos sempre analisar:

• *Características das hemácias em forma individual ou conjunta.*

1. Avaliados individualmente, os glóbulos vermelhos normalmente são redondos, com translucidez central e medem aproximadamente 8 micra.

As anormalidades individuais que podemos encontrar nas hemácias são anisocitose, poiquilocitose e ovalocitose, microcitose, macrocitose, Target-cell, acantocitose e equinocitose. Essas alterações podem estar relacionadas a anemias por deficiência de ferro, vitamina B12, ácido fólico e vitamina C.

a) Anisocitose: As hemácias têm tamanho variável e são encontradas na maioria das anemias.

b) Poiquilocitose: As hemácias têm forma variável; por exemplo, em forma de pêra, lágrima ou qualquer outra forma irregular; também encontradas na maioria dos processos anêmicos.

c) Ovalócitos: As hemácias têm forma elíptica (eliptocitoce) e são hereditárias; podem ser observadas em 80 a 90% de pacientes sadios ou com anemia ferropriva.

d) Microcitose: São glóbulos vermelhos com menos de cinco micra de diâmetro, pois têm menos concentração de hemoglobina por deficiência de ferro.

e) Macrocitose: São células vermelhas com mais de 10 micras de diâmetro devido a alterações na maturação das células; apresentam-se nas anemias por deficiência de cianocobalamina ou ácido fólico.

f) Target Cell: São eritrócitos mais finos que o normal, com maior diâmetro, com áreas centrais pálidas ou brancas; parecem ampliados e são encontrados com maior freqüência nas esplenectomias, icterícia obstrutiva e anemia hipocrômica.

g) Acantócitos: São as células vermelhas com aparência bem espinhosa. São caracterizadas pela falta de beta-proteínas, resultando na deformação das membranas devido à diminuição na troca de colesterol entre a membrana celular e o plasma sangüíneo.

h) Hequinócitos: Apresentam-se com aparência áspera e espinhosa e até 1 a 2% são considerados normais; um aumento maior significa desequilíbrio do pH ou mudança da osmolaridade do sangue.

2. Podemos também encontrar alguns fenômenos associados tais como:

a) Agregação eritrocitária: Fenômeno que pode acontecer em presença da peroxidação lipídica das membranas e observam-se na imagem as hemácias agrupadas.

b) Fenômeno de Roleaux: As hemácias se aderem como se fossem pilhas de moedas, constituindo um grau mais avançado que o da agregação eritrocitária. Este fenômeno acontece geralmente em pacientes com disbiose associada a alteração da permeabilidade intestinal ou até por dietas hiperprotéicas. A perda da seletividade da membrana intestinal permite a passagem de proteínas de alto peso molecular na circulação, que normalmente têm carga negativa e que atraem as hemácias que têm carga positiva. Em conseqüência deste fato, aumenta-se a viscosidade sangüínea, acarretando aumento da resistência vascular periférica, hipertensão arterial e aumento do risco cardiovascular.

A presença das macromoléculas no sangue pode repercutir sobre o sistema imunológico, pois as mesmas funcionam como antígenos ou aptenos que estimulam a formação de anticorpos (base fisiopatológica da alergia alimentar). As mesmas também podem formar imunocomplexos circulantes agindo como fatores desencadeantes de patologias auto-imunes, tais como artrite reumatóide ou lúpus.

Possíveis causas do fenômeno de Roleaux:
- Hipocloridria (causa mais freqüente);
- Hipercloridria;
- Dieta pobre em vitamina B12 e ácido fólico;
- Dieta rica em lipídios e proteínas.

Observação: a avaliação do fenômeno de Roleaux deve ser feita nos primeiros dois a três minutos, pois, caso contrário, resulta difícil a interpretação, já que a gota começa a coagular.

c) Eritrócitos crenados: Estão presentes quando existe septicemia, alto nível de estresse (Grau IV) em pacientes que consomem drogas.

d) Hemácias em forma de limão: elas têm forma de limão devido a uma possível alteração na membrana citoplasmática, as quais parecem orientadas a um mesmo ponto onde geralmente se encontra algum elemento tóxico (macromoléculas, hormônios, drogas e seus metabólitos). Essa imagem sugere hepatopatias.

- *Características dos leucócitos em forma isolada e associada.*

1. Quando avaliados isoladamente, os leucócitos normalmente tendem a deformar-se e movimentar-se (fenômenos conhecidos como fagocitose e quimiotaxia).

Contrariamente, quando eles não se deformam ou estão imóveis, ou seja, com falta de fagocitose e quimiotaxia, pode-se traduzir isto como deficiência de ascorbato leucocitário, o qual é formado por taurina e vitamina C.

Existe uma forma prática de saber se realmente a ausência de fagocitose é devido à falta de taurina e vitamina C.

Aplica-se 1ml de taurina com 1ml de vitamina C por via endovenosa e após alguns minutos coleta-se nova amostra para análise celular *in vivo* e; observa-se que os glóbulos brancos começam a fagocitar elementos tóxicos.

É de boa prática também avaliar a existência de granulações tóxicas presentes tanto nos neutrófilos como nos linfócitos, que se pode interpretar como algum processo tóxico ou infeccioso, e se estão presentes nos neutrófilos isto corresponde a um processo agudo; no caso dos linfócitos isto corresponde a um processo crônico.

2. Ao se avaliar em conjunto os leucócitos é importante observar o número por campo. O normal é de 3 a 5 por campo; quando há mais de 6 deve-se pensar em leucocitose e se houver menos de 3 por campo, em leucopenia; ao mesmo tempo, sempre que existir a suspeita da mesma também deve-se pensar em deficiência de zinco.

- *Características das plaquetas*

Normalmente, as plaquetas encontram-se em forma isolada, são redondas, pretas e medem aproximadamente de 3 a 4 micras.

Quando elas estão agrupadas, num fenômeno conhecido como agregação plaquetária, deve-se entender que há risco cardiovascular importante.

Também é interessante observar nos pacientes que são tratados com antiagregantes plaquetários se as plaquetas estão isoladas, já que, se elas estiverem agrupadas, provavelmente deve-se reconsiderar a dosagem ou a droga que está sendo empregada como antiagregante.

- *Quilomicrons*

Deve-se sempre ter em conta se o paciente está ou não em jejum, já que pode-se encontrar quilomicrons até 2 horas após as principais refeições. Esse é o tempo que o organismo, em condições normais, demora para depurar os principais nutrientes do plasma (hidratos de carbono, lipídeos e aminoácidos).

A presença de quilomicrons nos intervalos das refeições pode estar relacionada com alterações metabólicas como dislipidemias (hipercolesterolemia, hipertrigliceridemia, isoladas ou mistas) e disglicemias ou diabetes melitus.

- *Presença de cristais de colesterol*

Normalmente não se deve observar cristais de colesterol no HLB *in vivo*. Quando eles estão presentes, caracterizam-se por serem translúcidos e com aparência geométrica, indicando alteração do metabolismo dos lipídeos (dislipidemias). Deve-se esclarecer que a presença de cristais de colesterol não traduz necessariamente elevados níveis de colesterol ou triglicérides, mas que provavelmente eles estão se oxidando, fenômeno que aceleraria o depósito nas artérias.

- *Presença de fungos*

Desde a época da faculdade é ensinado que a presença de fungos no sangue significaria um paciente com septicemia, e em estado grave. Hoje sabe-se, e por meio da prática diária pode-se constatar que há amostras em que se pode observar diversos tipos de fungos, principalmente os de cândida, associados à síndrome de fadiga crônica

Os fungos de cândida podem estar presentes por duas causas:

A primeira, por simples contaminação na hora da coleta; para evitar isto, deve-se sempre realizar uma boa assepsia e anti-sepsia.

A segunda possibilidade pode se apresentar em coleta de pacientes com disbiose associada a alterações da permeabilidade intestinal em forma crônica. Os fungos de cândida, normalmente presentes no intestino grosso, são favorecidos nessas circunstâncias, atravessando o epitélio intestinal, chegando à corrente sangüínea, onde permanecem até serem fagocitados pelos neutrófilos e macrófagos. Então, o número de fungos mais o tempo de permanência no plasma não é suficiente para produzir septicemia, mas é o bastante para desencadear a síndrome de fadiga crônica.

Para entender melhor a interpretação da análise celular *in vivo*, são apresentados os seguintes quadros, resumindo os achados mais importantes relacionados com os sistemas envolvidos.

Risco Cardiovascular

1. Agregação plaquetária
2. Quilomicrons
3. Protoplasto

4. Placa aterosclerótica
5. Espículas

Aparelho Digestório

1. Formação Rouleaux
2. Agregação eritrocitária
3. Enlaces protéicos
4. Quilomicrons
5. Fungos

Sistema Imunológico

1. Quimiotaxia
2. Fagocitose
3. Neutrófilos com grânulos tóxicos
4. Eosinófilos
5. Linfócitos
6. Formas "Rod"

Metabolismo

1. Quilomicrons
2. Cristais de colesterol
3. Cristais de ácido úrico

Eritrócitos Crenados

1. Sugestivo de infecção
2. Alto nível de estresse
3. Consumo de drogas

Espículas; Destruição Plaquetária

1. Hepatopatias
2. Má-absorção
3. Hiperoxidação

Agregação Plaquetária

1. Hiperoxidação
2. Dislipidemias
3. Hiperglicemia

Agregação Eritrocitária

1. Peroxidação de membrana

Hemácias em Forma de limão

1. Hepatopatias

Análise Celular **In Vitro**

Provavelmente a parte mais importante do exame, já que, entre as diversas análises, destaca-se a avaliação do *stress* oxidativo, e como já foi conceituado anteriormente, corresponde à ação deletéria dos radicais livres sobre as células ou tecidos.

No HLB *in vitro* definiu-se o *stress* oxidativo como o processo oxidativo dos radicais livres sobre a matriz extracelular no tecido sangüíneo.

Mas não só se avaliou o *stress* oxidativo (veja quadro abaixo), já que este exame é rico em outros dados e proporciona informações em forma indireta de como está o sistema adrenal, a reação auto-imune, estado de alergia, suspeita de disbiose e hipercalcemia ou hipomagnesemia. Claro que, como já foi dito anteriormente, deve-se considerar só como uma suspeita que, posteriormente deve ser confirmada com testes mais específicos, que podem também ser realizados com extrema praticidade no consultório através de uma simples amostra de urina (veja quadro abaixo).

Resumo da Análise Celular In Vitro:

1. *Stress* oxidativo
2. *Stress* adrenal
3. Reação auto-imune
4. Imagem de disbiose
5. Imagem de hipercalcemia e hipomagnesemia
6. Periferia

Exames Complementares do Teste HLB

1. Teste de MDA (indicador de peroxidação lipídica)
2. Teste de cálcio
3. Teste de *stress* adrenal
4. Teste de disbiose (indicador de indican)

Stress *Oxidativo*

Agora deve-se tentar entender a parte mais importante do teste HLB ; sua correta interpretação fornece dados de extremo valor para quem pratica e aplica os conceitos ortomoleculares como uma forma de erradicar ou diminuir a produção de radicais livres e também de controle do *stress* oxidativo.

Então, para que serve a avaliação do *stress* oxidativo?

A resposta é muito simples: ele ajuda a estabelecer os diversos protocolos antioxidantes, nas mais diversas patologias, com destaque para as doenças degenerativas e crônicas.

Existem controvérsias sobre a relação dos radicais livres, se eles são causa ou conseqüência na gênese das patologias crônico-degenerativas. Mas hoje não se discute mais se o *stress* oxidativo encontra-se aumentado em ditos pacientes e a importância do controle do *stress* oxidativo como uma forma de controlar o processo evolutivo das doenças.

Desde que o Dr. Olszewer introduz o HLB no Brasil, várias foram as denominações sugeridas, até o que hoje é denominado *stress* oxidativo na análise celular *in vitro*:

- ROTS (Substâncias Tóxicas Oxigeno-reativas). Ainda se pode encontrar essa terminologia no livro de Oxidologia do Dr. Bradford.
- Teste da Fibrina Solúvel
- Teste de Radicais Livres
- Massas de Radicais Livres

Fatores de Risco

Os exemplos a seguir são só uma pequena listagem de todos aqueles que são considerados com grande potencial para aumentar a produção de radicais livres e, secundariamente, para o aumento do *stress* oxidativo:

- Má alimentação
- Fumo
- Álcool
- Drogas
- Poluição ambiental
- Stress
- Agrotóxicos
- Metais pesados

Fisiopatologicamente existem quatro prováveis pontos onde agiriam os radicais livres sobre a matriz extracelular, resultando nas alterações que podem ser analisadas na microscopia ótica.

No capítulo referente à matriz extracelular já foram explicados em detalhes cada um dos componentes; aqui serão vistos quais são os passos e os pontos até a formação do *stress* oxidativo na análise celular *in vitro*.

Primeiro ponto:

MATRIZ EXTRACELULAR

Componente	Enzima
Colágeno	Colagenase
Elastina	Elastinase
Ác. Hialurônico	Hialuronidase
Sulf. de Condroítina	Condroitinase

Como se pode observar no quadro acima, a matriz extracelular está formada por componentes e estes podem ser degradados por enzimas específicas, enzimas que podem ser ativadas pelos radicais livres.

Segundo ponto:

FIBRONECTINA

1. Os componentes estão ligados à fibronectina, formando ligações covalentes com colágeno e proteoglicanos que agem como um cimento celular.

2. As alterações oxidativas (radicais livres) alteram a fibronectina, liberando na matriz extracelular os componentes que posteriormente serão avaliados no campo do microscópio.

Terceiro ponto:

FIBRINOGÊNIO

Forma os monômeros de fibrina que estabilizam o coágulo tornando-o insolúvel, e corresponde a todas as partes pretas que se observam no campo.

As alterações na depolimerização do fibrinogênio pelos radicais livres alteram as unidades dos monômeros de fibrina formando um coágulo *soft*, ou seja, tornando-o solúvel, o que favorece as alterações da matriz. Corresponde a todas as partes brancas que são observadas na microscopia.

Segundo o Dr. Efrain, este seria o ponto mais importante na avaliação do HLB, já que todas as partes brancas correspondem ao *stress* oxidativo.

Quarto ponto:

FATOR XIII

· Fator Laki-Lorand é o fator estabilizador de fibrina. Liga duas moléculas de fibrina através de ligações peptídicas de glutamina e lisina.

· As ligações são inativadas pelos radicais livres, principalmente pelos radicais hidroxila.

Os conceitos acima expostos, e respeitando os estudos realizados no instituto do Dr. Bradford, podem ser explicados de uma forma mais simplificada, que é conhecida como efeito Bradford-Allen.

O efeito de Bradford-Allen consiste em:

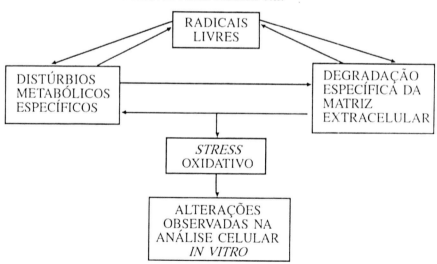

Classificação do Stress Oxidativo

Adquirir um pouco de experiência será o suficiente para poder classificar as alterações na análise celular *in vitro*; além disso, como se pode observar, os valores dos percentuais são altos, o que diminui a margem de erro na interpretação. Mas para quem está começando é de boa prática fazer a comparação das alterações observadas no campo com a tabela de Bradford, após o quadro da classificação.

- Grau I —— 0 a 10% —————— SO normal
- Grau II —— 10 a 20% ————— SO leve
- Grau III — 20 a 30 % —————— SO moderado
- Grau IV — 30 a 40% ————— SO grave
- Grau V —— > 40% ——————— SO muito grave

CLASSIFICAÇÃO DE BRADFORD

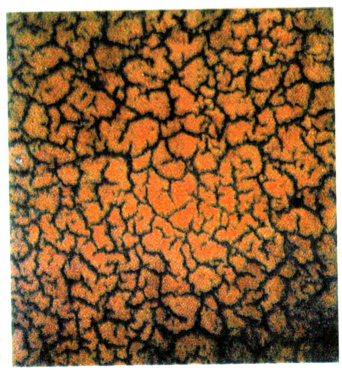

- *Grau I*
0 a 10%
SO normal
(Aumento 180 X)

• Grau II
10 a 20%
SO leve
(Aumento 180 X)

• Grau III
20 a 30 %
SO moderado
(Aumento 180 X)

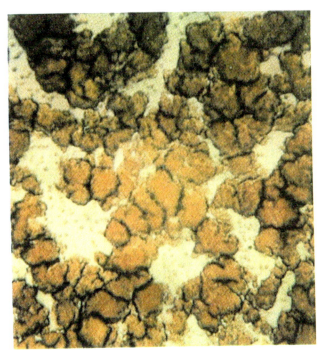

• Grau IV
30 a 40%
SO grave
(Aumento 180 X)

• Grau V
> 40%
SO muito grave
(Aumento 180 X)

Stress *Adrenal*

Além do *stress* oxidativo na análise celular *in vitro*, pode-se encontrar imagens brancas, redondas, que não ultrapassam os 5 mm de diâmetro, que o Dr. Bradford denominou compatibilidade com descarga de adrenalina. No seu livro ele afirma que a presença dessas imagens na parte central da gota coagulada corresponde a *stress* físico, e quando as mesmas se encontram na periferia correspondem a *stress* psíquico. Na prática ao longo desses anos não se tem encontrado a dita subdivisão e sim as imagens da descarga adrenal, tanto na periferia como na parte central, o que leva a acreditar que seja qual for a origem (psíquica ou física) deve existir sempre a interdependência de ambas.

A dita descarga acontece, quando a glândula adrenal encontra-se estressada.

Fatores de Stress *Adrenal*

1. Fator psíquico-emocional
2. Fator físico-estrutural
3. Fator químico-nutricional
4. Fator energéticos

Na continuação serão vistos quais são os passos que acontecem na fisiopatologia do estresse adrenal.

No *stress* fisiológico, ou seja, quando se está exposto aos agentes estressores, acontece a estimulação do sistema simpático, com a concomitante liberação de fatores estimulantes da glândula hipófise, a qual libera ACTH, que vai agir sobre a suprarrenal e provoca um aumento temporário de adrenalina e de cortisol (esse último, por mecanismo de *feedback*, inibe a liberação de ACTH, fechando o circuito a seguir) (veja quadro ao lado).

STRESS FISIOLÓGICO

Estressores

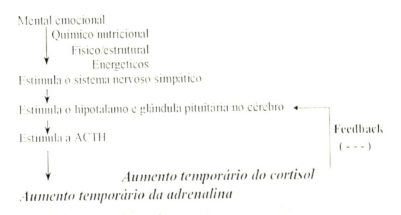

Quando os fatores estressores continuam e tornam-se crônicos, duas alterações patológicas, começam a se desenvolver.

A primeira ocorre quando o sistema simpático é estimulado de forma contínua, acarretando uma produção inadequada de ácidos graxos nos tecidos e dando lugar à formação de peróxidos lipídios, momento no qual são observadas as alterações compatíveis com a descarga de adrenalina descrita pelo Dr. Bradford.

A segunda alteração que observamos é um aumento prolongado de adrenalina e corticóides.

O estímulo prolongado de adrenalina, produz depleção de magnésio, potássio e cálcio, que podem ser confirmados no teste da urina.

Já os receptores de mineralocorticóides perdem a seletividade e o fenômeno de *feedback* vai ficando cada vez mais enfraquecido.

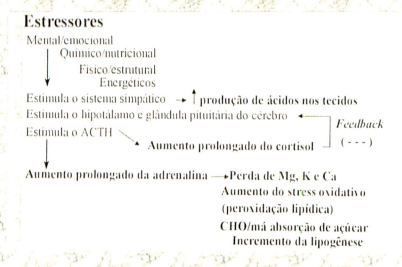

Imagine-se agora que os fatores estressores autoperpetuam-se, e o organismo chegará à fase IV de *stress*, a fase de exaustão, em que as reservas biológicas estão se esgotando por insuficiência na produção de ATP devido ao estímulo contínuo da adrenalina.

Concomitantemente vê-se que o estímulo constante de corticóides produz esgotamento do *feedback* negativo, favorecendo ainda mais a perpetuação dos fatores estressores.

STRESS CRÔNICO GRAU IV

Estressores
Mental/emocional
   Químico/nutricional
      Físico/estrutural
         Energéticos
Estimula o sistema simpático → produção de ácidos graxos nos tecidos
Estimula o hipotálamo e glândula pituitária do cérebro ←
Estimula o ACTH   *Feedback*
        → Aumento prolongado do cortisol   (- - -)

Aumento prolongado da adrenalina → Função do ATP diminuído
                                    Má absorção de gordura e
                                    aminoácidos
                                        Emagrecimento/obesidade

Classificação do **Stress** *Adrenal:*

- GRAU I - DESCARGA ADRENAL LEVE
- GRAU II - DESCARGA ADRENAL MODERADA
- GRAU II - DESCARGA ADRENAL INTENSA

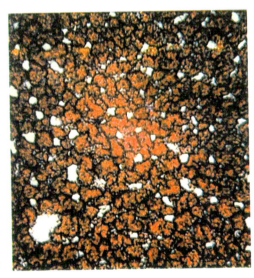

*FOTO DO ESTRESSE
ADRENAL*

(Aumento 160 X)

Reação Auto-imune

Uma reação alérgica é uma hiper-reação imunológica; é uma resposta inapropriadamente intensa a um antígeno relativamente inócuo, por exemplo, pólen, ácaros, fungos, medicamentos, alimentos e outros. Os locais mais comuns das reações alérgicas são o trato respiratório superior e inferior, a pele e o trato gastrointestinal. O quadro clínico é variável, indo desde urticária, rinite, asma até alergia alimentar.

FISIOPATOLOGIA

A histamina, liberada inicialmente pelos mastócitos, mas posteriormente também pelos basófilos, é um contribuinte importante para cada um dos sintomas imediatos dos processos alérgicos mediados por receptores histamínicos H1.

A presença de histamina no coágulo sangüíneo seria a responsável pela aparição de imagem em forma de pontilhado ou nevado de cor branquicenta, que não ultrapassa as 3 micras de diâmetro.

Classificação Auto-imune

- GRAU I   LEVE
- GRAU II   MODERADA
- GRAU II   INTENSA

REAÇÃO AUTO-IMUNE
(Aumento de 164 X)

Capítulo 7

RESUMO DAS CARACTERÍSTICAS A OBSERVAR NO SANGUE " IN VITRO"

- *Glóbulos vermelhos.*
  Têm diâmetro de 6 a 8 micra e forma arredondada.

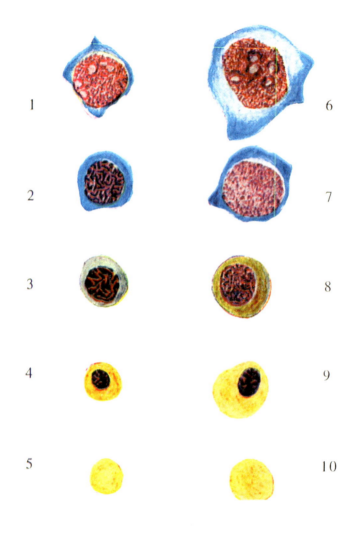

1- Pronormoblasto
2- Normoblasto basofílico
3- Normoblasto policromatófago
4- Normoblasto normocromático/ ortocromático
5- Eritrócito
6- Pró-megaloblasto
7- Megaloblasto basofílico
8- Megaloblasto policromatófago
9- Megaloblasto ortocromático
10- Macrócito

- *Basófilos.*

Têm diâmetro de 10 a 16 micra, formato oval e grânulos citoplasmáticos visíveis. Relação núcleo/citoplasma de 2:1 a 1:1.

Basófilo mielócito jovem

- *Eosinófilos.*

Têm diâmetro de 10 a 20 micra, núcleo oval e relação núcleo/citoplasma de 2:1 a 1:1.

Eosinófilos

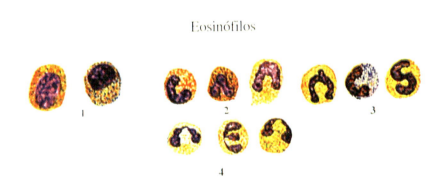

1- Mielócitos   2- Jovens   3- Núcleo íntegro em segmentação

4- Segmentados

69

- *Glóbulos brancos.*

Têm diâmetro de 10 a 16 micra e espessura de 1 micra, possuem forma arredondada, com relação ao núcleo/citoplasma 1:1.

1- Mieloblasto
2- Pró-mielócito
3 e 4- Neutrofílico mielócito
5- Eosinófilo
6- Basófilo mielócito
7- Meta-mielócito
8 e 9- Granulócito
10- Granulócito com degeneração
11- Neutrófilo segmentado
12- Eosinófilo
13- Basófilo
14- Linfoblasto
15- Grande linfócito
16- Pequeno linfócito
17- Célula reticulo-endotelial
18 a 20- Monócitos
21- Célula Endotelial
22- Promelócito atípico
23- Micromielócito
24- Células binucleadas
25- Plasmócito
26- Células de irritação
27- Rubrócito (tipo anemia perniciosa)
28- Meta-rubrócito (tipo anemia perniciosa)
29 e 30- Meta-rubrócitos
31- Meta-rubrócito com núcleo visível
32- Megalócito
33- Macrócito
34- Eritrócito
35-Micrócito
(32 a 35- Exemplos de anisocitose)
36- Eritroblasto com núcleos mitóticos
37- Eritrócito policromatófago jovem
38- Eritrócito policromatófago
39- Basófilo com pontilhado fino
40- Basófilo com pontilhado grosso
41- Poiquilocitose com núcleo pequeno
42- Células de núcleo pequeno
43- Célula contendo parasita da malária
44 e 45- Células de núcleos aumentados/segmentados
46- Eritrócito hipocrômico
47- Eritrócito hipercrômico
48- Plaquetas

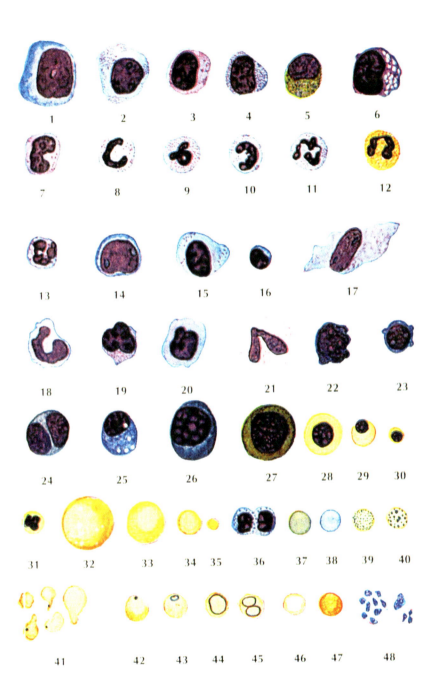

- *Linfócitos.*

Têm diâmetro de 9 a 18 micra, formato arredondado e sem grânulos citoplasmáticos. Relação núcleo/citoplasma 4:1.

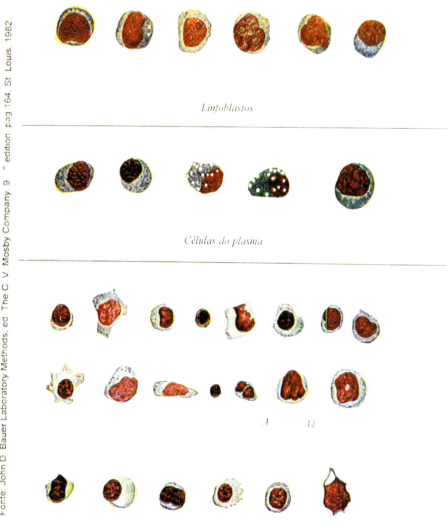

Linfoblastos

Células do plasma

A   A1

Linfócitos, incluindo célula de Rieder (A, A1)

- *Monócitos.*

Têm diâmetro de 12 a 20 micra, com núcleo arredondado e emissão de pseudópodos nas bordas. O citoplasma pode conter partículas finas semelhantes a grânulos de areia. Relação núcleo/citoplasma de 3:1 a 2:1.

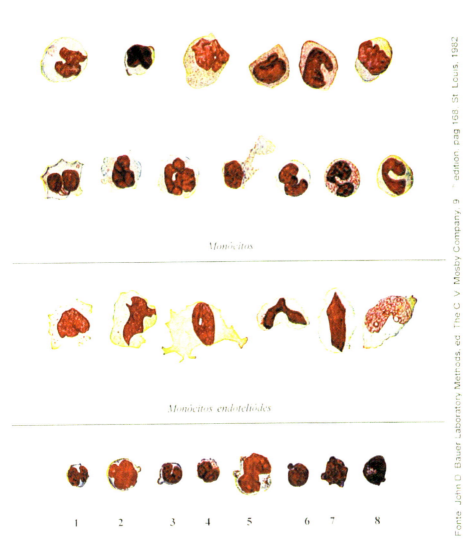

Monócitos

Monócitos endoteliódes

1 2 3 4 5 6 7 8

1-2 Micromieloblastos   *4-8 Promielócitos atípicos*

73

- *Megacariócitos.*

Têm diâmetro de 35 a 160 micra, núcleo com dois ou mais lóbulos e grânulos citoplasmáticos finos. A relação núcleo/citoplasma é de 1:1 a 2:1.

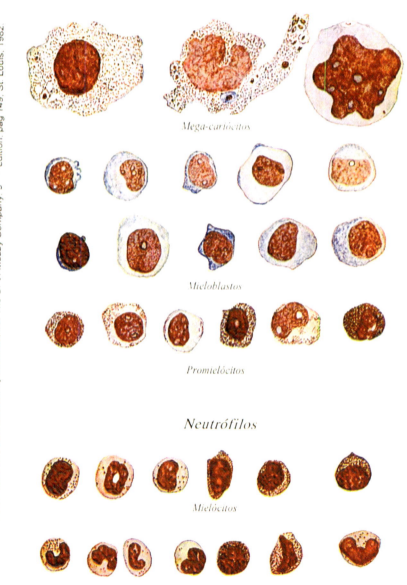

- *Plaquetas.*

Têm diâmetro de 2 a 4 micra, com espessura de 1 micron, forma arredondada e cor preta. As formas desintegradas aparecem como espículas (formato de longos alfinetes).

- *Formas L ou micoplasmas.*

Formas bacterianas que sobrevivem à exposição aos antibióticos. Com sua parede celular danificada, podem agir como agentes precursores de processos cronificados, resistentes ou com culturas negativas.

Quando se apresentam com perda parcial da parede celular são denominados esferoplastos e com perda total, protoplastos.

As formas L perdem toda a parede celular e não conseguem voltar à sua forma original.

- *Microplasmas.*

São as menores formas de organismos que vivem livremente. Têm diâmetro de 0,3 micron e não possuem parede celular.

- *Cândida albicans.*

É uma formação fúngica dimórfica, que aparece como micélia ou fungo. As micélias são as formas patológicas, têm formato oval e são gram (+), dimensões de 2x3 a 8,5x14 micra.

Atlas Análise Celular "In Vivo"

ÍNDICE DAS FOTOS

Foto	Assunto	Página
1	Conjunto: microscópio, video-câmera e monitor	81
2	Porta-objetos, microscópio, video-câmera e monitor	81
3	Fonte de iluminação do sistema. Controlador da intensidade de cor do vídeo	82
4	Polarizador da luz (abaixo); Lâmina ou porta objetos (centro); Conjunto de objetivas (acima)	82
5	Material do exame: Pote com algodão embebido em álcool; Pote com agulhas de insulina. Detalhe do porta-objetos (lâminas); Caixa com laminulas (pintadas de vermelho)	83
6	Limpeza com álcool da falange distal do dedo mínimo da mão	83
7	Pressão sobre a falange distal e punção com agulha de insulina	84
8	Punção do dedo mínimo da mão direita	84
9	Pressão sobre a falange com a finalidade de extrair uma única gota, a mais arredondada possível	85
10	Coleta do sangue em lâmina estéril feita através de suaves toques, cinco vezes consecutivos, para análise celular "in vivo" (radicais livres)	85
11	Coleta do sangue em lâmina estéril, último toque, visualização de gotas na lâmina	86
12	Final da coleta, espera-se de 3 a 9 minutos para que ocorra a coagulação	86
13	Coleta para avaliação "in vivo". Novamente pressiona-se o dedo mínimo a fim de se obter nova gota. Esta será disposta no centro da lâmina	87
14	Coleta "in vivo". Cobre-se a gota com uma lâmina estéril e leva-se ao microscópio para visualização imediata	87
15	A) Fibrina. B) Eritrócito degenerado. C) Ponte intercelular. D) Alteração da matriz extracelular (radicais livres). E) Eritrócitos – coágulo	88
16	Análise celular "in vitro" compatível com 10% de radicais livres.	88
17	Análise celular "in vitro" compatível com 10% de radicais livres.	89
18	Análise celular "in vitro" compatível com 10% de radicais livres.	89
19	Análise celular "in vitro" compatível com 20% de radicais livres.	90
20	Análise celular "in vitro" compatível com 20% de radicais livres.	90

21	Análise celular "in vitro" compatível com 30% de radicais livres.	91
22	Análise celular "in vitro" compatível com 30% de radicais livres.	91
23	Análise celular "in vitro" compatível com 40% de radicais livres.	92
24	Análise celular "in vitro" compatível com 40% de radicais livres.	92
25	Análise celular "in vitro" compatível com 40% ou mais de radicais livres.	93
26	Diferença de cores do coágulo em uma mesma lâmina (sugestivo de progresso degenerativo crônico)	93
27	Periféria eritrocitária regular	94
28	Periféria eritrocitária irregular (déficit subclínico de vitamina C)	94
29	DX clínico de IAM, compatível com 30% de radicais livres	95
30	DX clínico de CA de fígado, compatível com 40% de radicais livres	95
31	DX clínico de lúpus eritematoso sistêmico, compatível com 40% de radicais livres	96
32	DX clínico de cirrose hepática, compatível com 40% de radicais	96
33	DX clínico de cirrose hepática, compatível com 40% de radicais livres	97
34	DX clínico de psoríase/estresse, compatível com 40% de radicais livres	97
35	DX clínico de IAM, compatível com 40% de radicais livres	98
36	Histórico clínico de estresse/tabagismo, compatível com 20-30% de radicais livres	98
37	DX clínico de hepatopatia, compatível com 40% de radicais livres	99
38	DX clínico de IAM, compatível com 20% de radicais livres	99
39	DX clínico de psoríase/estresse, compatível com 10-20% de radicais livres	100
40	DX clínico de hepatopatia leve, compatível com 40% de radicais livres	100
41	DX clínico de depressão, compatível com 20% de radicais livres	101
42	DX clínico de CA de pulmão, compatível com 30% de radicais livres (1ª gota/2ª gota)	101
43	DX clínico de CA de pulmão, compatível com 40% de radicais livres (2ª gota)	102
44	DX clínico de CA de pulmão, compatível com 40% de radicais livres (1ª gota)	102
45	DX clínico de estresse, compatível com 10-20% de radicais livres	103
46	DX clínico de sequela AVCH, compatível com 20-30% de radicais livres	103
47	Histórico clínico sugestivo de componente autoimune e *stress*, compatível com 10% de radicais livres	104
48	DX clínico de alergia, compatível com 10-20% de radicais livres	104
49	DX clínico de CA de pulmão, compatível com 30% de radicais livres (controle)	105
50	DX clínico de CA de pulmão, compatível com 20-30% de radicais livres (em uso de vitamina C) – 4ª gota	105
51	DX clínico de seqüela AVCH, compatível com mais de 40% de radicais livres	106
52	DX clínico de estresse, compatível com 10-20% de radicais livres	106
53	DX clínico de seqüela AVCH, compatível com 40% de radicais livres	107
54	DX clínico de alergia/ *stress*, compatível com 10-20% de radicais livres	107
55	DX clínico de alergia/ *stress*, compatível com 10-20% de radicais livres	108

56	DX clínico de CA de estômago, compatível e maior que 30-40% de radicais livres	108
57	DX clínico de artrite reumatóide, compatível com 30-40% de radicais livres	109
58	DX clínico de tuberculose, compatível com 20-30% de radicais livres	109
59	DX clínico de hipertensão arterial e diabetes melitus, compatível com 30-40% de radicais livres	110
60	DX clínico de hipertensão arterial e diabetes melitus, compatível com 20-30% de radicais livres	110
61	DX clínico de tuberculose, compatível com 20-30% de radicais livres	111
62	DX clínico de hipertensão arterial e CA de útero, compatível e maior que 40% de radicais livres (antes do uso de antioxidantes)	111
63	DX clínico de hipertensão arterial e CA de útero, compatível com 20-30% de radicais livres (após 10 aplicações – vitamina C)	112
64	DX clínico de hipertensão arterial e CA de útero, compatível com 10-20% de radicais livres (após 20 aplicações – vitamina C)	112
65	DX clínico de lombocitalgia, compatível com 10-20% de radicais livres	113
66	DX clínico de artrite reumatóide, compatível com 40% de radicais livres	113
67	DX clínico de alergia/estresse, compatível com 10-20% de radicais livres	114
68	DX clínico de artrite psoriática, compatível com 20-30% de radicais livres (antes do tratamento com DMSO)	114
69	DX clínico de artrite psoriática, compatível com 10-20% de radicais livres (após tratamento DMSO – 20 aplicações)	115
70	DX clínico de artrite psoriática, compatível com 20-30% de radicais livres (3 meses após DMSO – manutenção mensal)	115
71	Histórico clínico de senilidade, compatível com 20-30% de radicais livres	116
72	DX clínico de stress/alergia, compatível com 10-20% de radicais livres	116
73	DX clínico de osteoporose, compatível com 10-20% de radicais livres	117
74	DX clínico de stress, compatível com 20-30% de radicais livres	117
75	DX clínico de alergia/stress, compatível com 10-20% de radicais livres	118
76	DX clínico de infecção urinária, compatível com 10-20% de radicais livres	118
77	DX clínico de vasculopatia, compatível com 10% de radicais livres	119
78	DX clínico de DPOC, compatível com 40% de radicais livres	119
79	DX clínico de angina instável, compatível com 20-30% de radicais livres	120
80	DX clínico de osteoartrose, compatível com 20-30% de radicais livres (antes do tratamento)	120
81	DX clínico de angina instável, compatível com 20-30% de radicais livres	121
82	DX clínico de infecção urinária, compatível com 10% de radicais livres	121
83	DX clínico de vasculopatia, compatível com 10% de radicais livres	122
84	DX clínico de alergia/stress, compatível com 10-20% de radicais livres	122
85	DX clínico de stress, compatível com 10-20% de radicais livres	123
86	DX clínico de alergia/stress, compatível com 10-20% de radicais livres	123
87	DX clínico de angina instável, compatível com 20-30% de radicais livres	124
88	DX clínico de osteoartrose, compatível com 10-20% de radicais livres (após 10 aplicações de DMSO)	124

89	DX clínico osteoartrose, compatível com 10-20% de radicais livres (após 20 aplicações de DMSO)	125
90	DX clínico de DPOC, compatível com 20-30% de radicais livres (após 20 aplicações de DMSO)	125
91	DX clínico de miosite fase aguda, antes do tratamento, compatível e maior que 40% de radicais livres	126
92	DX clínico de miosite, compatível com 30-40% de radicais livres (após 30 dias do tratamento)	126
93	DX clínico de miosite, compatível com 20-30% de radicais livres (após 60 dias do tratamento)	127
94	DX clínico de miosite fase aguda após 90 dias do tratamento, compatível com 20-30% de radicais livres	127
95	DX clínico de infecção urinária, compatível com 30-40% de radicais livres	128
96	DX clínico de DPOC, compatível com mais de 40% de radicais livres	128
97	A) Eritrócito; B) Traves de fibrina	129
98	Eritrócito crenado	129
99	Fenômeno Roleaux	130
100	A) Neutrófilo; B) Plaquetas agregadas; C) Eritrócito crenado	130
101	A) Espículas (plaquetas desintegradas); B) Traves de fibrina	131
102	A) Espículas; B) Eritrócito; C) Agregação eritrocitária (Roleaux); D) Eosinófilo	131
103	Protoplasto	132
104	Cristais de colesterol	132
105	Neutrófilos antes da fagocitose	133
106	Neutrófilos em fagocitose	133
107	Neutrófilo inativo	134
108	Neutrófilo hipersegmentado	134
109	Atividade fúngica: fungos com hifa	135
110	Atividade fúngica: Candidas albicans	135

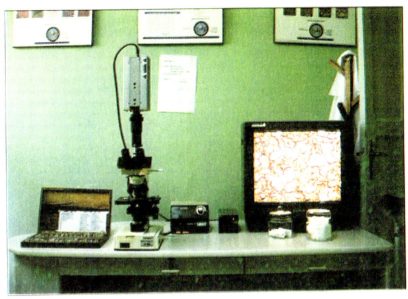

Foto 1. Conjunto: microscópio, vídeo-câmera e monitor

Foto 2. Porta-objetos, microscópio, vídeo-câmera e monitor

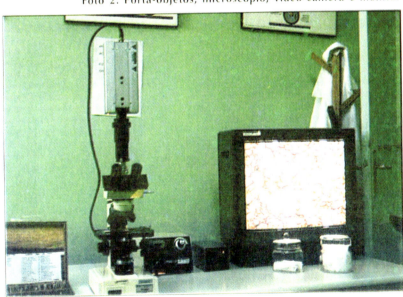

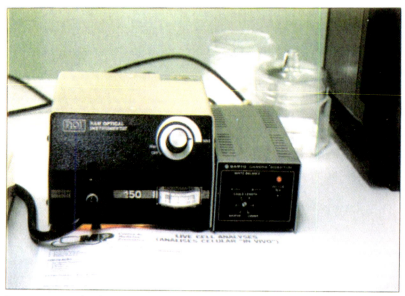

Foto 3. Fonte de iluminação do sistema
Controlador da intensidade de cor do vídeo

Foto 4. Polarizador da luz (abaixo)
Lâmina ou porta objetos (centro)
Conjunto de objetivas (acima)

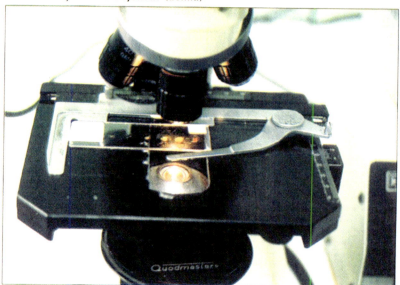

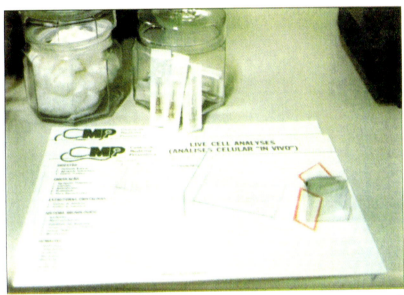

Foto 5. Material do exame: Pote com algodão embedido em álcool;
Pote com agulhas de insulina;
Detalhe do porta-objetos (lâminas); e
Caixa com lamínulas (pintadas de vermelho)

Foto 6. Limpeza da falange distal do dedo mínimo da mão, com álcool

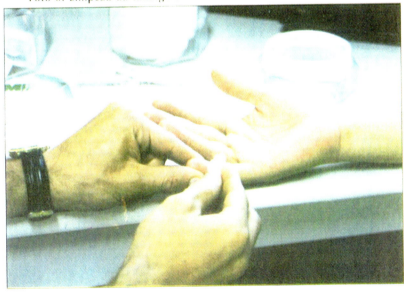

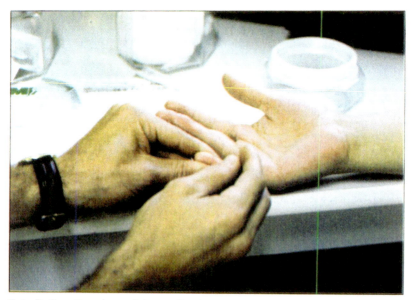

Foto 7. Pressão sobre a falange distal e punção com agulha de insulina

Foto 8. Punção do dedo mínimo da mão direita

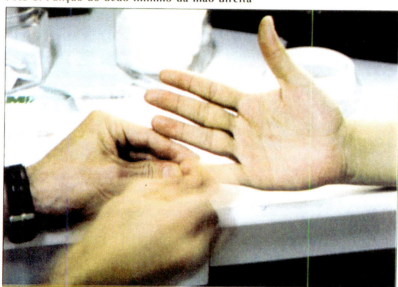

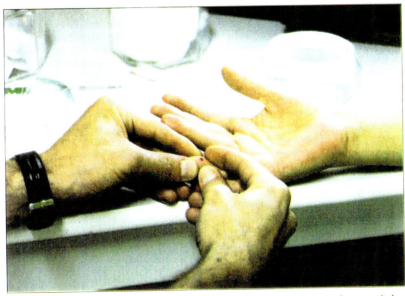

Foto 9. Pressão sobre a falange com a finalidade de extrair uma única gota, a mais arredondada possível

Foto 10. Coleta do sangue em lâmina estéril feita através de suaves toques, cinco vezes consecutivos, para análise celular "in vivo" (radicais livres)

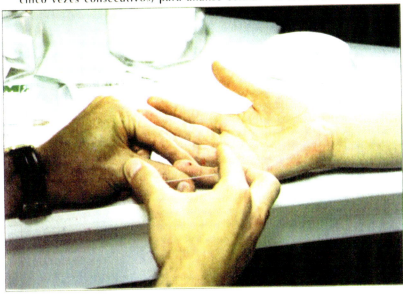

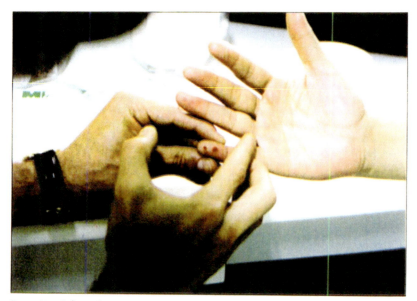

Foto 11. Coleta do sangue em lâmina estéril, último toque, visualização de gotas na lâmina

Foto 12. Final da coleta, espera-se de 3 a 9 minutos para que ocorra a coagulação

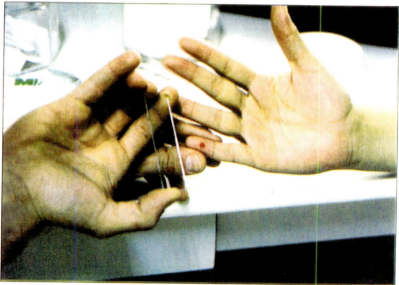

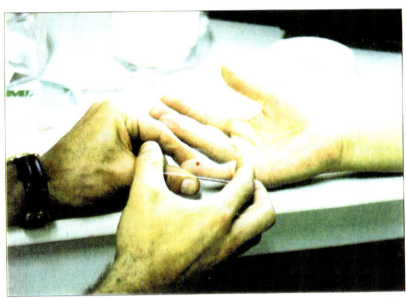

Foto 13. Coleta para avaliação "in vivo". Novamente pressiona-se o dedo mínimo a fim de se obter nova gota. Esta será disposta no centro da lâmina

Foto 14. Coleta "in vivo". Cobre-se a gota com uma lâmina estéril e leva-se ao microscópio para visualização imediata

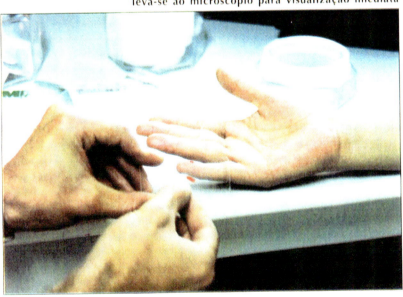

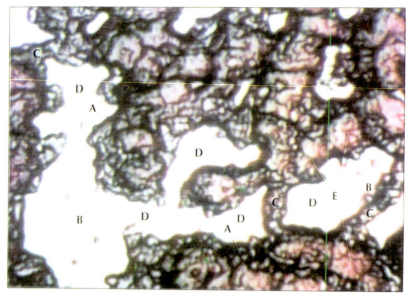

Foto 15. A) Fibrina. B) Eritrócito degenerado. C) Ponte intercelular.
D) Alteração da matriz extracelular (radicais livres).
E) Eritrócitos - coágulo

Foto 16. Análise celular "in vitro" compatível com 10% de radicais livres

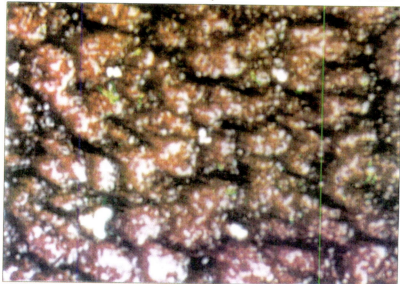

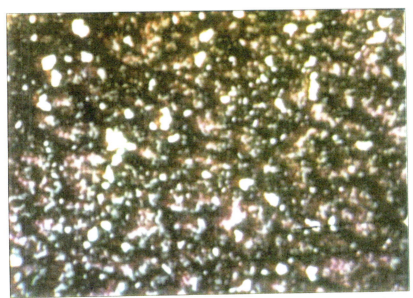

Foto 17. Análise celular "in vitro" compatível com 10% de radicais livres

Foto 18. Análise celular "in vitro" compatível com 10% de radicais livres

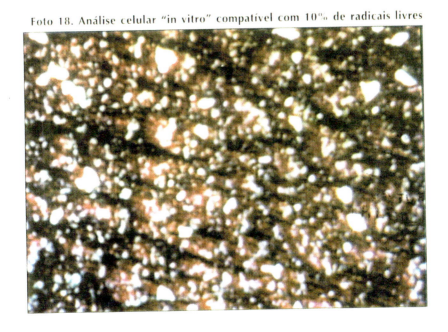

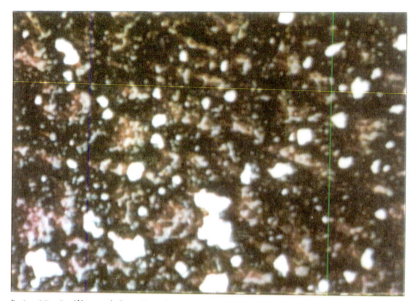

Foto 19. Análise celular "in vitro" compatível com 20% de radicais livres

Foto 20. Análise celular "in vitro" compatível com 20% de radicais livres

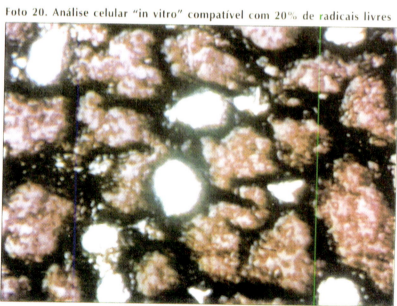

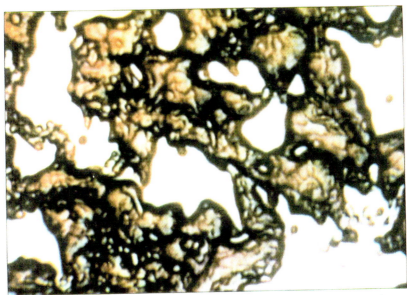
Foto 21. Análise celular "in vitro" compatível com 30% de radicais livres

Foto 22. Análise celular "in vitro" compatível com 30% de radicais livres
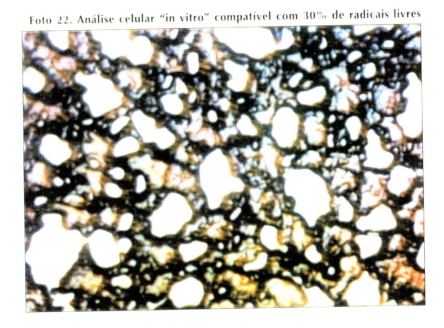

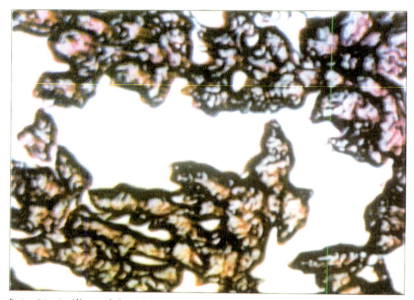

Foto 23. Análise celular "in vitro" compatível com 40% de radicais livres

Foto 24. Análise celular "in vitro" compatível com 40% de radicais livres

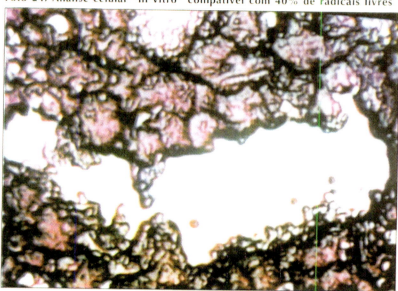

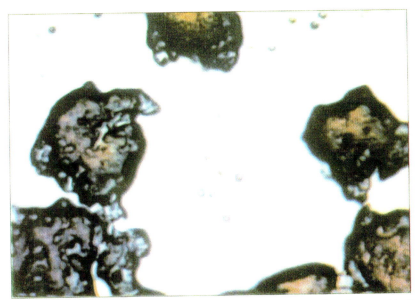

Foto 25. Análise celular "in vitro" compatível com 40% ou mais de radicais livres

Foto 26. Diferença de cores do coágulo em uma mesma lâmina (sugestivo de progresso degenerativo crônico): A) rosa; B) vermelho; C) mostarda

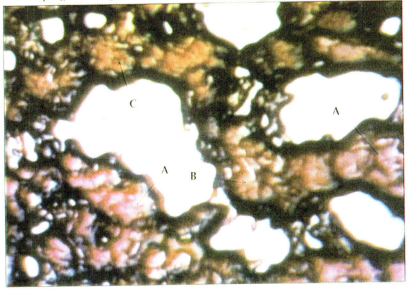

93

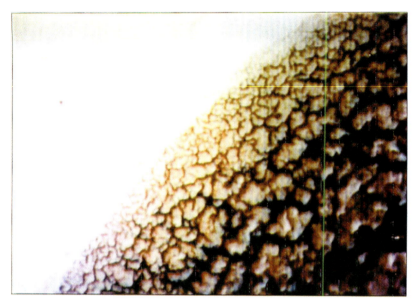
Foto 27. Periferia eritrocitária regular

Foto 28. Periferia eritrocitária irregular (déficit subclínico de vitamina C)

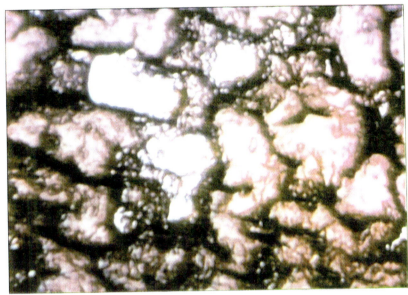

Foto 29. Paciente feminino, 65 anos.
DX clínico de IAM, compatível com 30% de radicais livres

Foto 30. Paciente masculino, 61 anos.
DX clínico de CA de fígado, compatível com 40% de radicais livres

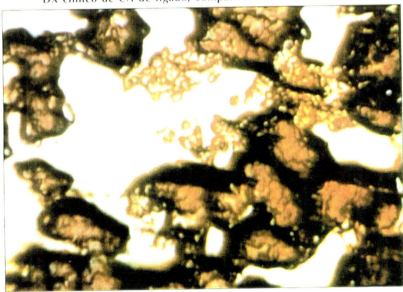

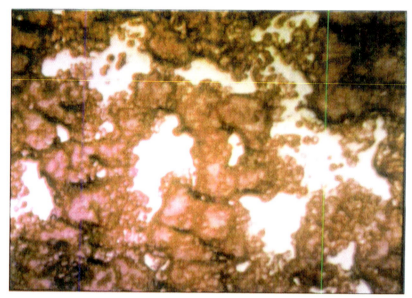

Foto 31. Paciente feminino, 10 anos.
DX clínico de lupus eritematoso sistêmico, compatível com
30% de radicais livres

Foto 32. Paciente feminino, 53 anos.
DX clínico de cirrose hepática, compatível com 30% de radicais livres

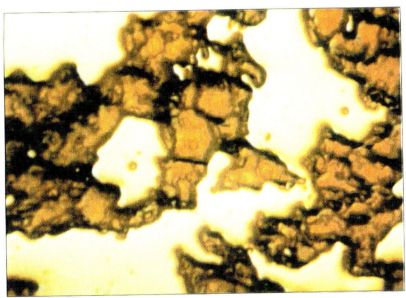

Foto 33. Paciente feminino, 53 anos.
DX clínico de cirrose hepática, compatível com 40% de radicais livres

Foto 34. Paciente feminino, 38 anos.
DX clínico de psoríase/estresse, compatível com mais de
40% de radicais livres

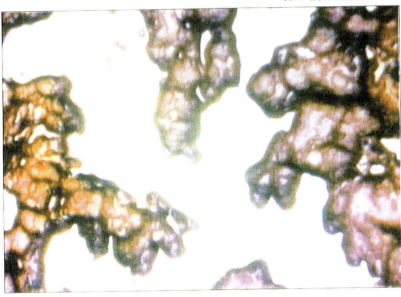

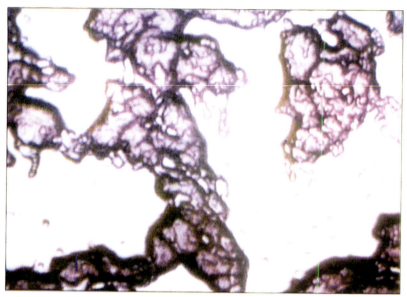

Foto 35. Paciente feminino, 75 anos.
DX clínico de IAM, compatível com 40% de radicais livres

Foto 36. Paciente masculino, 41 anos.
Histórico clínico de estresse/tabagismo, compatível com
20-30% de radicais livres

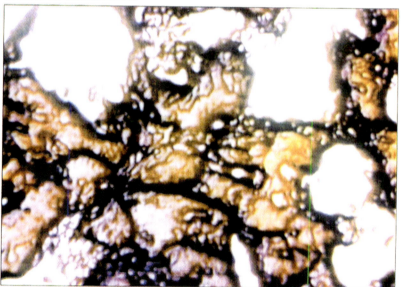

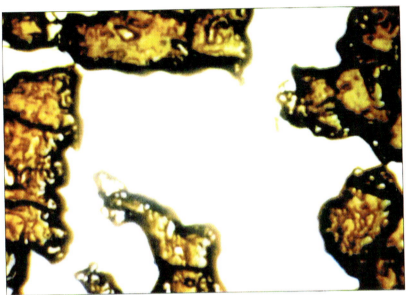

Foto 37. Paciente masculino, 58 anos.
DX clínico de hepatopatia, compatível com 40% de radicais livres

Foto 38. Paciente feminino, 75 anos.
DX clínico de IAM, compatível com 20% de radicais livres

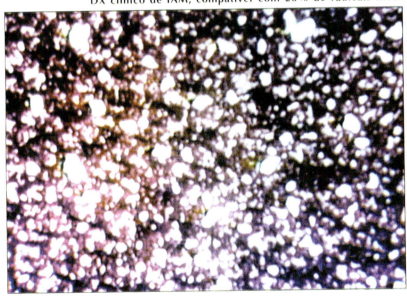

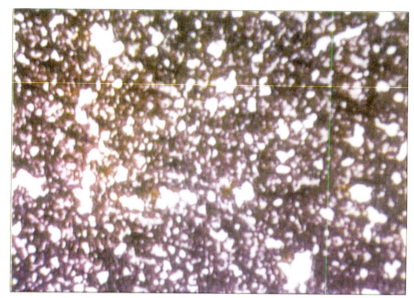

Foto 39. Paciente feminino, 38 anos.
DX clínico de psoríase/estresse, compatível com 10-20% de radicais livres

Foto 40. Paciente masculino, 58 anos.
DX clínico de hepatopatia leve, compatível com 10-20% de radicais livres

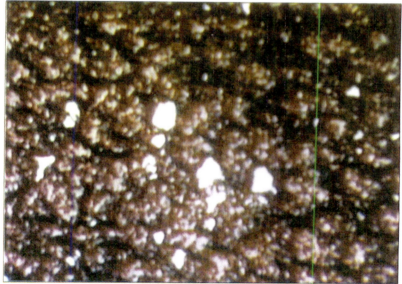

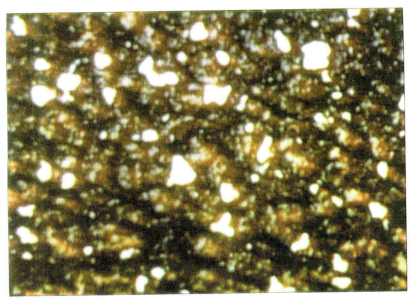

Foto 41. Paciente feminino, 55 anos.
DX clínico de depressão, compatível com 20% de radicais livres

Foto 42. Paciente feminino, 74 anos.
DX clínico de CA de pulmão, compatível com
30% de radicais livres (1ª gota/2ª gota)

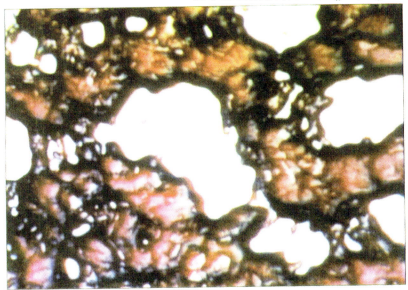

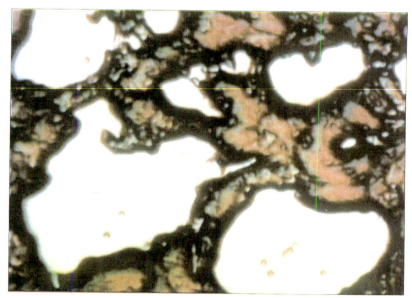

Foto 43. Paciente feminino, 74 anos.
DX clínico de CA de pulmão, compatível com
40% de radicais livres (2ª gota)

Foto 44. Paciente feminino, 55 anos.
DX clínico de CA de pulmão compatível com
40% de radicais livres (1ª gota)

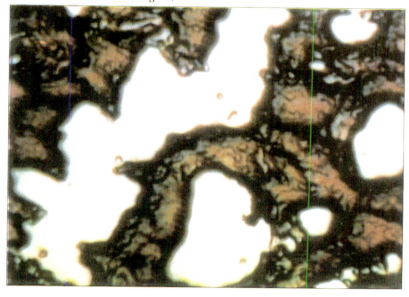

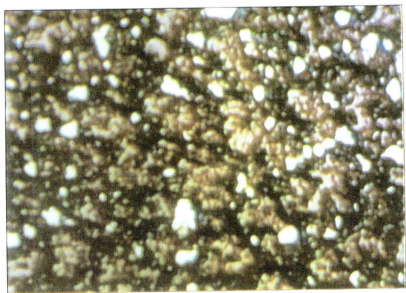

Foto 45. Paciente feminino, 39 anos.
DX clínico de estresse, compatível com 10-20% de radicais livres

Foto 46. Paciente masculino, 77 anos.
DX clínico de sequela AVCH, compatível com 20-30% de radicais livres

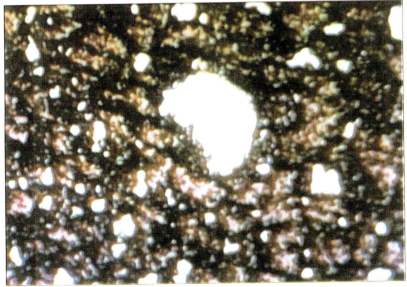

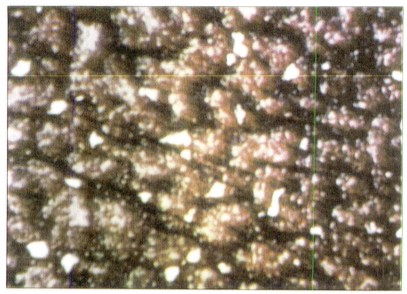

Foto 47. Paciente feminino, 58 anos.
Histórico clínico sugestivo de componente autoimune e estresse, compatível com 10% de radicais livres

Foto 48. Paciente feminino, 29 anos.
DX clínico de alergia, compatível com 10-20% de radicais livres

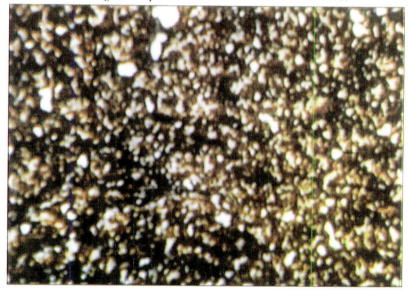

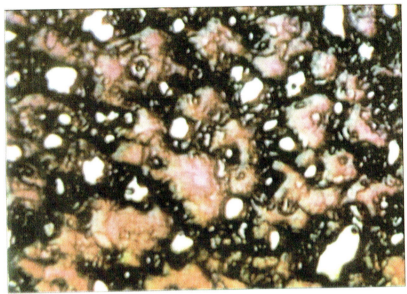

Foto 49. Paciente feminino, 74 anos.
DX clínico de CA de pulmão, compatível com
30% de radicais livres (controle)

Foto 50. Paciente feminino, 74 anos.
DX clínico de CA de pulmão, compatível com
20-30% de radicais livres (em uso de vitamina C) - 4ª gota

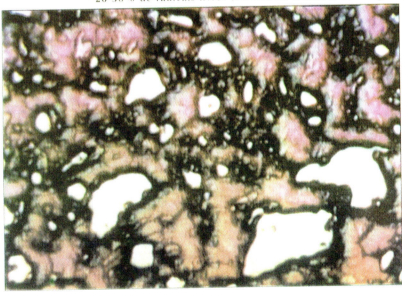

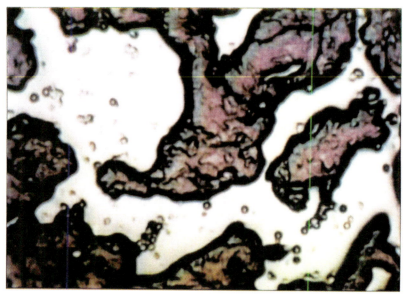

Foto 51. Paciente masculino, 77 anos.
DX clínico de sequela AVCH, compatível com
mais de 40% de radicais livres

Foto 52. Paciente feminino, 39 anos.
DX clínico de estresse, compatível com 10-20% de radicais livres

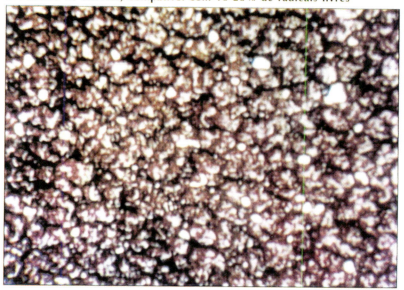

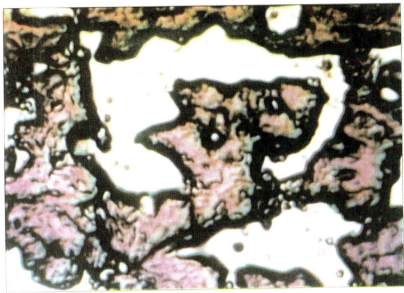

Foto 53. Paciente masculino, 77 anos.
DX clínico de sequela AVCH, compatível com 40% de radicais livres

Foto 54. Paciente feminino, 57 anos.
DX clínico de alergia/estresse, compatível com 10-20% de radicais livres

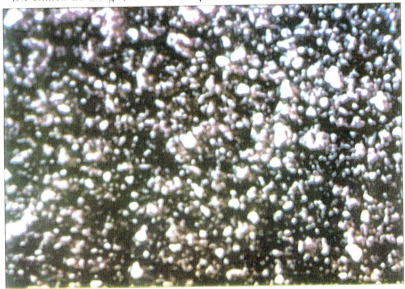

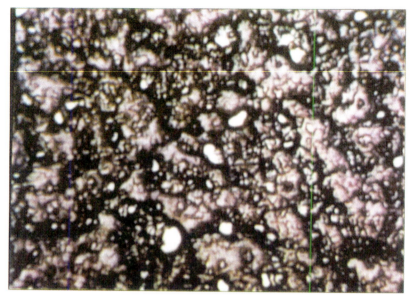

Foto 55. Paciente feminino, 28 anos.
DX clínico de alergia/estresse, compatível com 10-20% de radicais livres

Foto 56. Paciente feminino, 58 anos.
DX clínico de CA de estômago, compatível e maior
que 30-40% de radicais livres

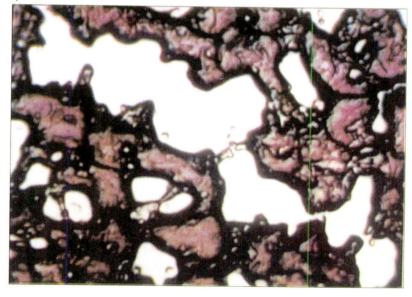

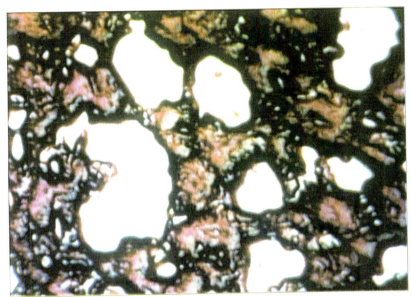

Foto 37. Paciente feminino, 52 anos.
DX clínico de artrite reumatóide, compatível com
30-40% de radicais livres

Foto 58. Paciente masculino, 65 anos.
DX clínico de tuberculose, compatível com 20-30% de radicais livres

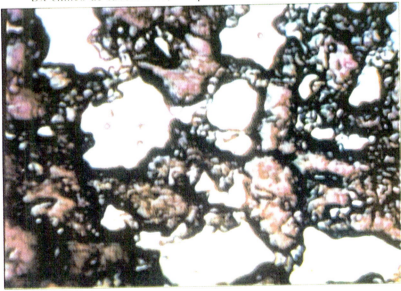

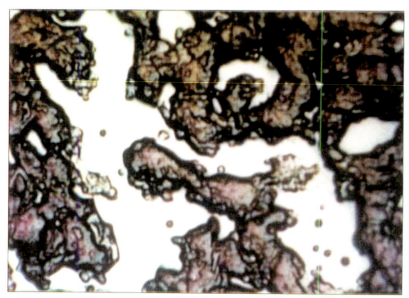

Foto 59. Paciente feminino, 50 anos.
DX clínico de hipertensão arterial e diabetes melitus, compatível com 30-40% de radicais livres

Foto 60. Paciente feminino, 50 anos.
DX clínico de hipertensão arterial e diabetes melitus, compatível com 20-30% de radicais livres

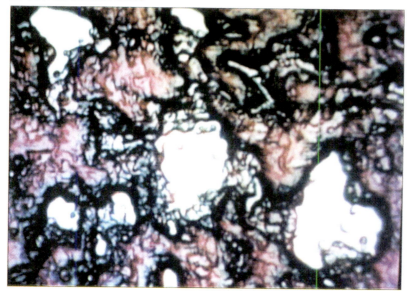

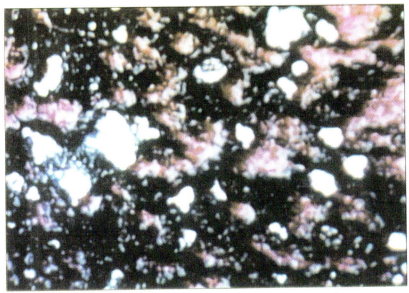

Foto 61. Paciente masculino, 65 anos.
DX clínico de tuberculose, compatível com 20-30% de radicais livres

Foto 62. Paciente feminino, 47 anos.
DX clínico de hipertensão arterial e CA de útero, compatível e maior que
40% de radicais livres (antes do uso de antioxidantes)

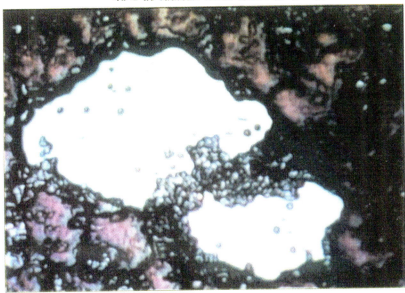

111

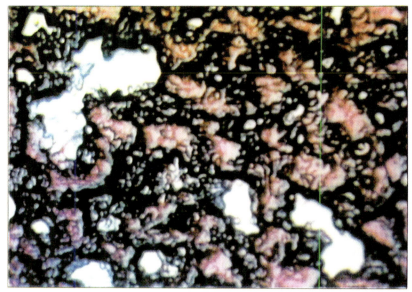

Foto 63. Paciente feminino, 47 anos.
DX clínico de hipertensão arterial e CA de útero, compatível com 20-30% de radicais livres (após 10 aplicações - vitamina C)

Foto 64. Paciente feminino, 47 anos.
DX clínico de hipertensão arterial e CA de útero, compatível com 10-20% de radicais livres (após 20 aplicações - vitamina C)

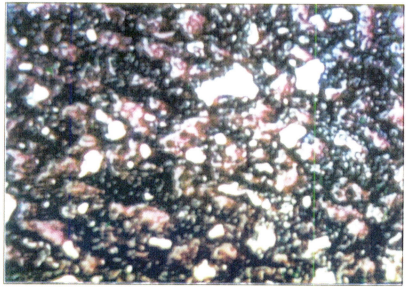

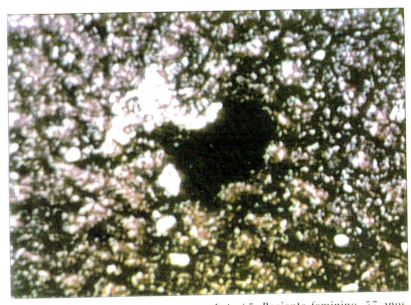

Foto 65. Paciente feminino, 57 anos.
DX clínico de lombocitalgia, compatível com 10-20% de radicais livres

Foto 66. Paciente feminino, 30 anos.
DX clínico de artrite reumatóide, compatível com 40% de radicais livres

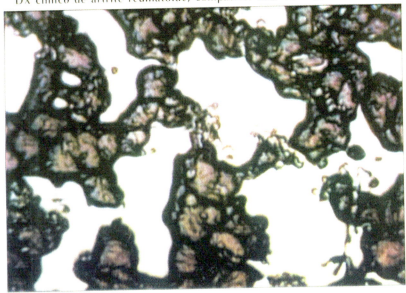

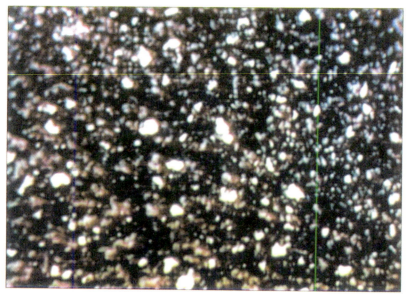

Foto 67. Paciente feminino, 57 anos.
DX clínico de alergia/estresse, compatível com 10-20% de radicais livres

Foto 68. Paciente masculino, 40 anos.
DX clínico de artrite psoriática, compatível com 20-30% de radicais livres (antes do tratamento com DMSO)

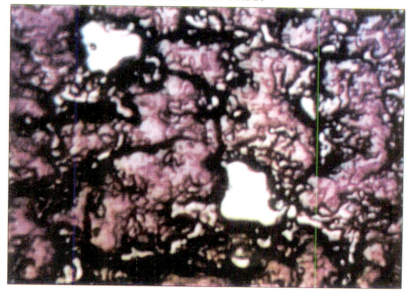

Foto 69. Paciente masculino, 40 anos.
DX clínico de artrite psoriática, compatível com 10-20% de
radicais livres (após tratamento DMSO - 20 aplicações)

Foto 70. Paciente masculino, 40 anos.
DX clínico de artrite psoriática, compatível com 20-30% de
radicais livres (3 meses após DMSO - manutenção mensal)

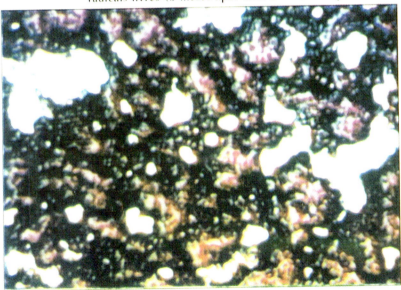

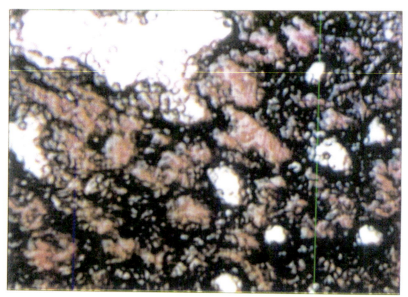

Foto 71. Paciente feminino, 87 anos.
Histórico clínico de senilidade, compatível com 20-30% de radicais livres

Foto 72. Paciente feminino, 29 anos.
DX clínico de estresse/alergia, compatível com 10-20% de radicais livres

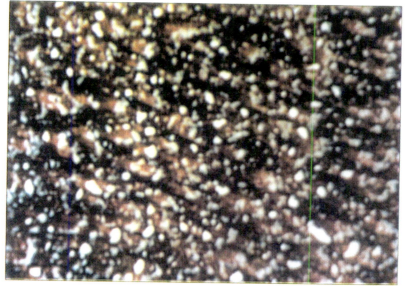

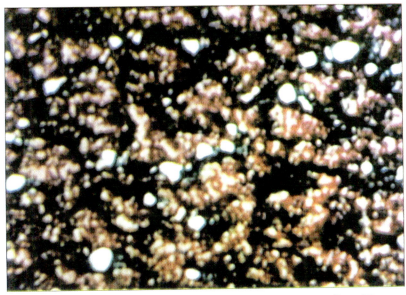

Foto 73. Paciente masculino, 92 anos.
DX clínico de osteoporose, compatível com 10-20% de radicais livres

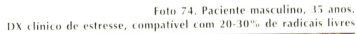

Foto 74. Paciente masculino, 35 anos.
DX clínico de estresse, compatível com 20-30% de radicais livres

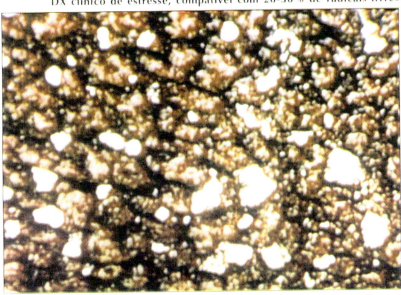

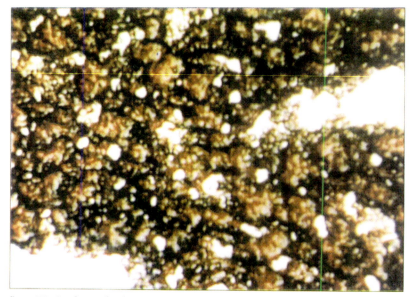

Foto 75. Paciente feminino, 18 anos.
DX clínico de alergia/estresse, compatível com 10-20% de radicais livres

Foto 76. Paciente feminino, 27 anos.
DX clínico de infecção urinária, compatível com 10-20% de radicais livres

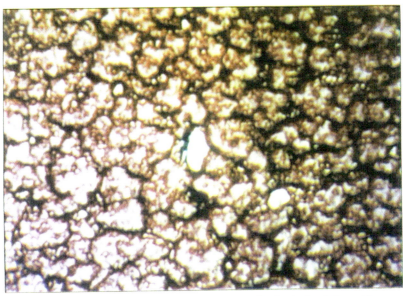

Foto 77. Paciente feminino, 48 anos.
DX clínico de vasculopatia, compatível com 10% de radicais livres

Foto 78. Paciente masculino, 67 anos.
Paciente com DX clínico de DPOC, compatível com 40% de radicais livres

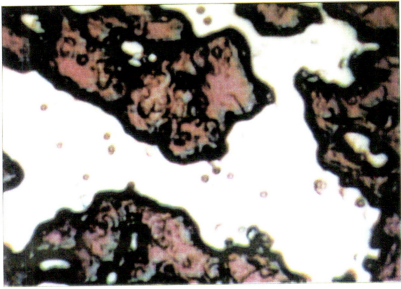

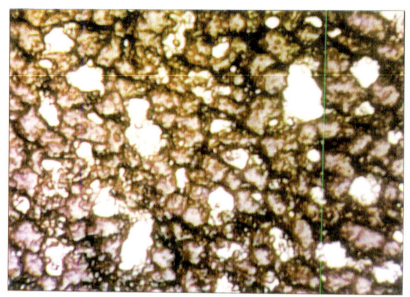

Foto 79. Paciente feminino, 56 anos.
DX clínico de angina instável, compatível com 20-30% de radicais livres

Foto 80. Paciente feminino, 39 anos.
DX clínico de osteoartrose, compatível com 30-40% de radicais livres (antes do tratamento)

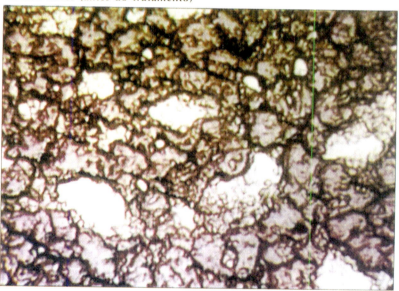

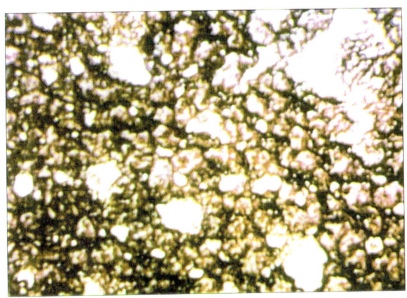

Foto 81. Paciente feminino, 56 anos.
DX clínico de angina instável, compatível com 20-30% de radicais livres

Foto 82. Paciente feminino, 27 anos.
DX clínico de infecção urinária, compatível com 10% de radicais livres

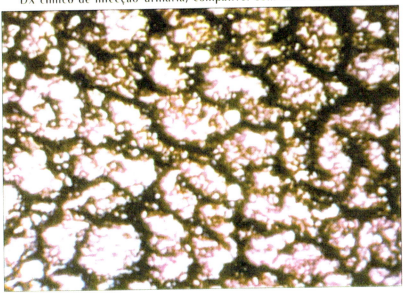

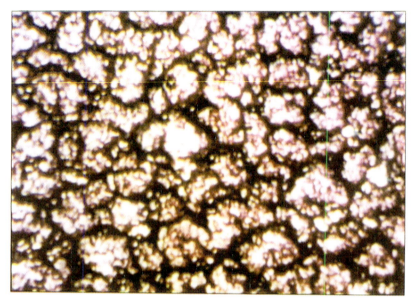
Foto 83. Paciente feminino, 48 anos.
DX clínico de vasculopatia, compatível com 10% de radicais livres

Foto 84. Paciente feminino, 18 anos.
DX clínico de alergia/estresse, compatível com 10-20% de radicais livres

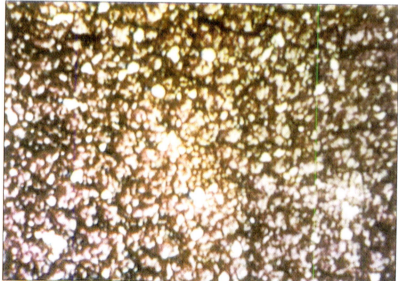

Foto 85. Paciente masculino, 35 anos.
DX clínico de estresse, compatível com 10-20% de radicais livres

Foto 86. Paciente feminino, 18 anos.
DX clínico de alergia/estresse, compatível com 10-20% de radicais livres

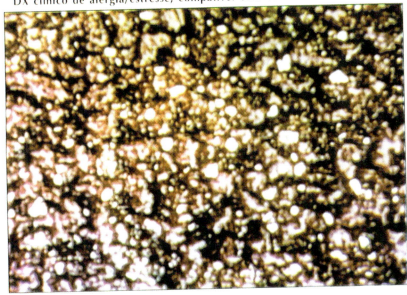

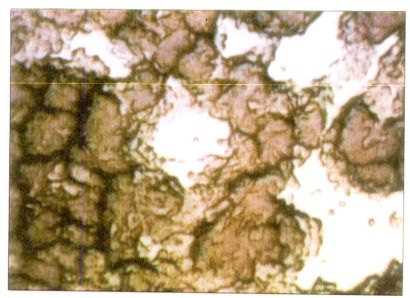

Foto 87. Paciente feminino, 56 anos.
DX clínico de angina instável, compatível com 20-30% de radicais livres

Foto 88. Paciente feminino, 39 anos.
DX clínico de osteoartrose, compatível com 10-20% de
radicais livres (após 10 aplicações de DMSO)

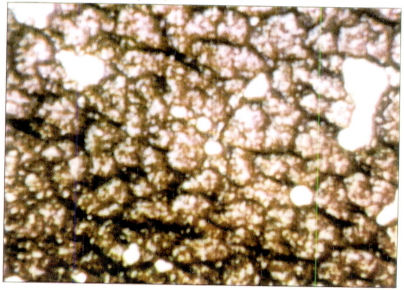

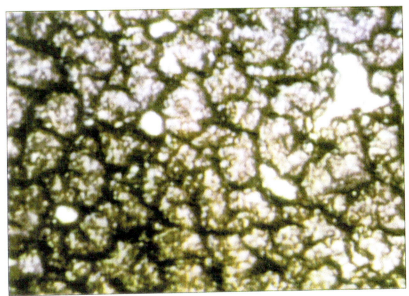

Foto 89. Paciente feminino, 39 anos.
DX clínico de osteoartrose, compatível com 10-20% de radicais livres (após 20 aplicações de DMSO)

Foto 90. Paciente masculino, 67 anos.
DX clínico de DPOC, compatível com 20-30% de radicais livres, após 20 aplicações de DMSO

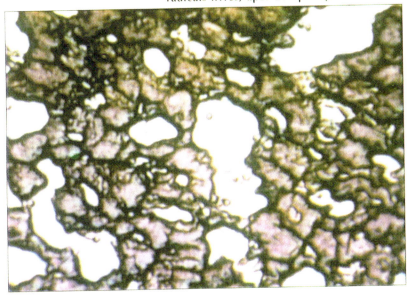

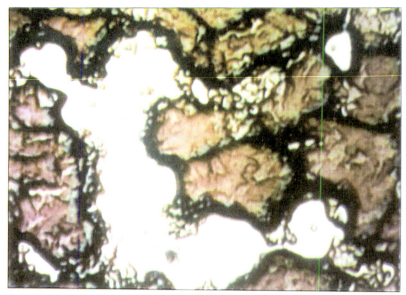

Foto 91. Paciente feminino, 65 anos.
DX clínico de miosite fase aguda, antes do tratamento, compatível e maior que 40% de radicais livres

Foto 92. Paciente feminino, 65 anos.
DX clínico de miosite, compatível com 30-40% de radicais livres (após 30 dias do tratamento)

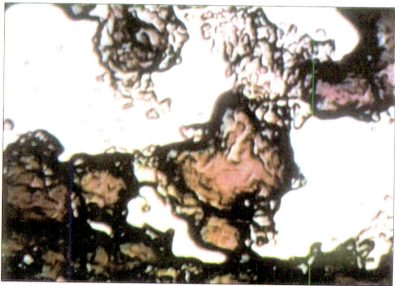

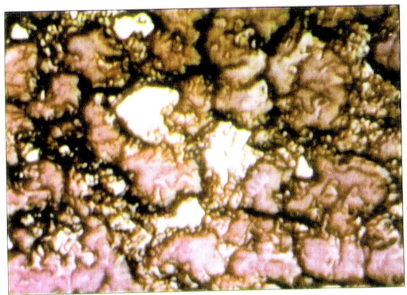

Foto 93. Paciente feminino, 65 anos. DX clínico de miosite, compatível com 20-30% de radicais livres (após 60 dias do tratamento)

Foto 94. Paciente feminino, 65 anos. DX clínico de miosite fase aguda, após 90 dias do tratamento, compatível com 20-30% de radicais livres

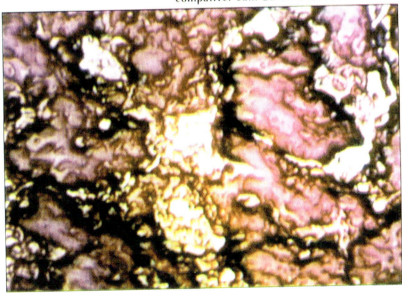

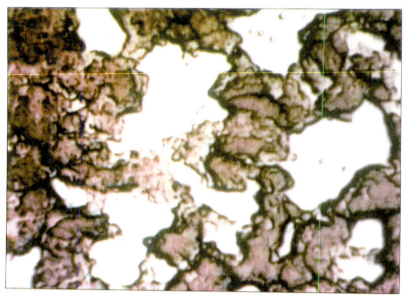

Foto 95. Paciente feminino, 27 anos.
DX clínico de infecção urinária, compatível com 30-40% de radicais livres

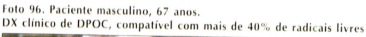

Foto 96. Paciente masculino, 67 anos.
DX clínico de DPOC, compatível com mais de 40% de radicais livres

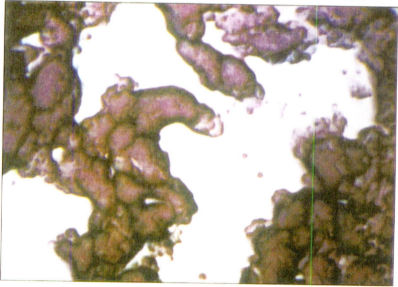

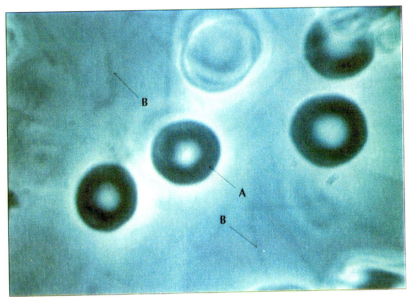

Foto 97. A) Eritrócito. B) Traves de fibrína

Foto 98. Eritrócito crenado.

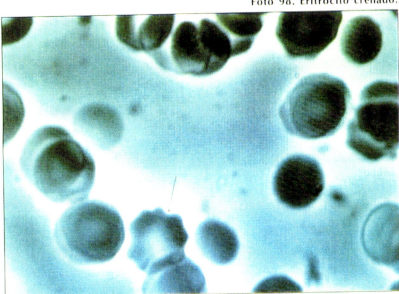

129

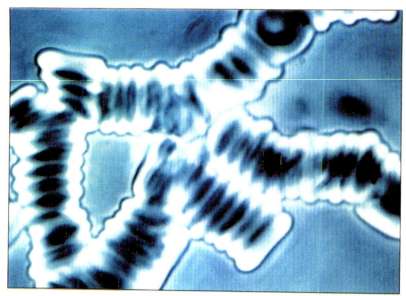

Foto 99. Fenômeno Roleaux

Foto 100. A) Neutrófilo; B) Plaquetas agregadas; C) Eritrócito crenado

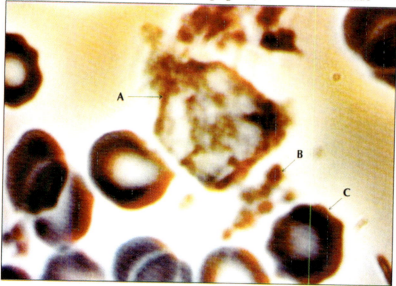

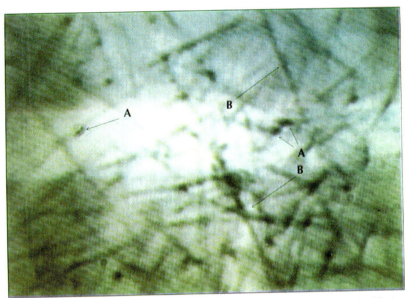

Foto 101. A) Espícula (plaquetas desintegradas); B) Traves de fibrina

Foto 102. A) Espículas; B) Eritrócito;
C) Agregação eritrocitária (Roleaux); D) Eosinófilo

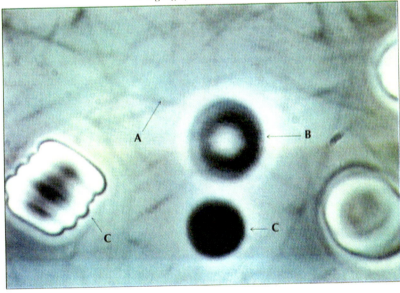

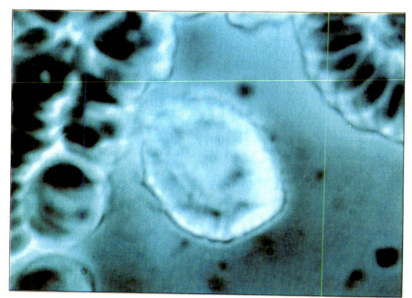

Foto 103. Protoplasto

Foto 104. Cristais de colesterol

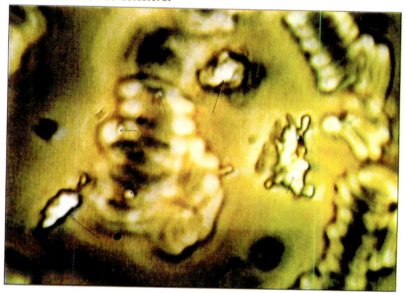

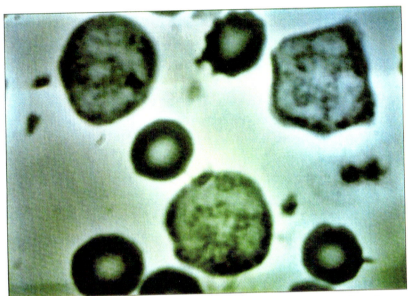

Foto 105. Neutrófilos antes da fagocitose

Foto 106. Neutrófilos em fagocitose

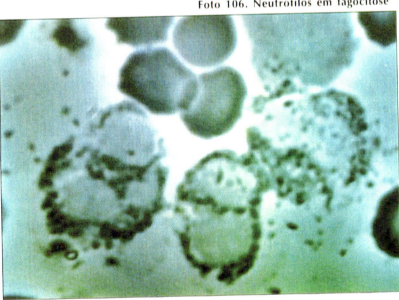

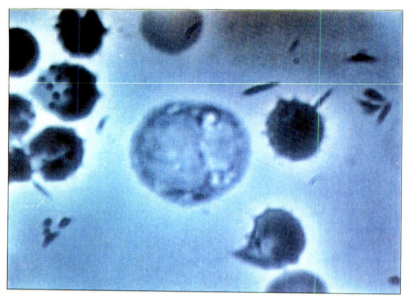

Foto 107. Neutrófilo inativo

Foto 108. Neutrófilo hipersegmentado

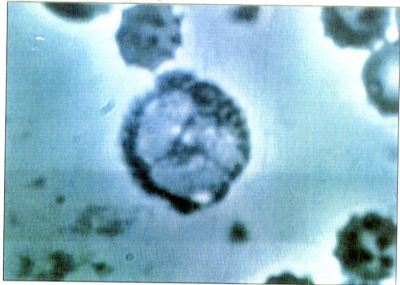

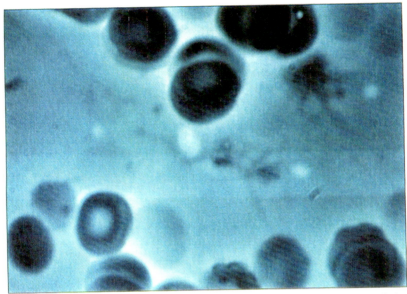

Foto 109. Atividade fúngica: fungos com hifas

Foto 110. Atividade fúngica: Candidas albicans

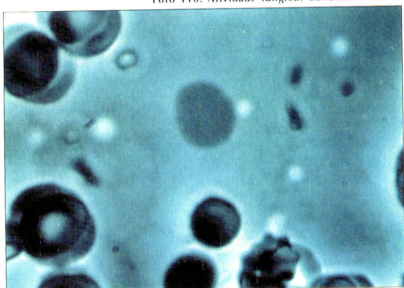

135

Este livro foi impresso na
LIS GRÁFICA E EDITORA LTDA
Rua Felicio Antonio Alves, 370 – Jd. Triunfo – Bonsucesso
CEP 07175-450 – Guarulhos – SP – Fone (0xx11) 6436-1000
Fax (0xx11) 6436-1538 – E-Mail lisgraf@uninet.com.br